衡中
名师经验故事

郗会锁　信金焕◎主编

人民日报出版社
北　京

图书在版编目（CIP）数据

衡中名师经验故事 / 郗会锁 信金焕主编 . -- 北京：
人民日报出版社，2020.11

ISBN 978-7-5115-6667-6

Ⅰ . ①衡… Ⅱ . ①郗…②信… Ⅲ . ①中学－教学经验－衡水
Ⅳ . ① G632.41

中国版本图书馆 CIP 数据核字（2020）第 220048 号

书　　名：衡中名师经验故事
　　　　　HENGZHONG MINGSHI JINGYAN GUSHI
作　　者：郗会锁 信金焕

出 版 人：刘华新
责任编辑：郭晓飞
封面设计：金　刚

出版发行：人民日报出版社
社　　址：北京金台西路2号
邮政编码：100733
发行热线：（010）65369527　65369846　65369509　65369510
邮购热线：（010）65369530　65363527
编辑热线：（010）65363486
网　　址：www.peopledailypress.com
经　　销：新华书店
印　　刷：大厂回族自治县彩虹印刷有限公司

开　　本：710mm×1000mm　1/16
字　　数：200千字
印　　张：11.5
版　　次：2020年11月第1版
印　　次：2020年11月第1次印刷

书　　号：ISBN 978-7-5115-6667-6
定　　价：45.00元

本书名师创作团队

（**语文**）	张春晓	金江昆	赵增普	魏素霞
（**数学**）	张立杰	孙永强	冯永庄	车　行
	王福胜	康彦华	王战普	
（**英语**）	王春玲	安　静	李志林	李京华
	马静丽	戚华荣	田九冬	苏　娜
（**政治**）	张　盼	黎美华		
（**历史**）	王　剑	武瑞桓		
（**地理**）	侯洁颖	尚　美	张晓丽	郭春雨
（**物理**）	苏立乾	王慧琴	夏东风	王红旺
（**化学**）	李　畅	陈　勇	苏玉钗	王晓宁
	刘蕴华	郝占伟		
（**生物**）	周　围	叶丽娟	尚风奎	宋淑窕
（**奥赛**）	周　健	王海阔	张　权	张　华
（**舞蹈、播音主持**）	王海燕			

目 录

Chapter 1
读书所获：我这样读书，在读书中积累

读书对于任何人的成长和发展都非常重要也非常必要，腹有诗书气自华，读书不仅可以改善一个人的谈吐、提升一个人的气质，也可以开拓一个人的眼界、放大一个人的格局，还可以改变一个人的思维方式，甚至丰盈一个人的精神和生命。希望大家都做一个能够带领学生阅读、引领学生发展的好老师，努力把我们的学校建成一个飘满书香的人文校园。

——郗会锁在第五届读书论坛上的讲话

Chapter 2
教学相长：我这样成长，在成长中提高

教师发展是校长的第一使命，课堂是教师发展的第一阵地，课程是学校发展的第一载体。唯改革者进，唯创新者强，唯改革创新者胜。

——郗会锁在第五届教师生命成长论坛上的讲话

Chapter 3
甘于奉献：我这样奉献，在奉献中快乐

不管在夜幕降临、华灯初上的傍晚，还是在夜深人静、皓月当空的深夜，或是在雄鸡一唱、月明星稀的晨曦，只要经过我们的教学楼，你都会发现备课区的灯永远是那么明亮。那，是“信念”之灯，是“担当”之灯，更是“奉献”之灯。

——郗会锁在 2019 年青年教师座谈会上的讲话

Chapter 1

读书所获：我这样读书，在读书中积累

读书对于任何人的成长和发展都非常重要也非常必要，腹有诗书气自华，读书不仅可以改善一个人的谈吐、提升一个人的气质，也可以开拓一个人的眼界、放大一个人的格局，还可以改变一个人的思维方式，甚至丰盈一个人的精神和生命。希望大家都做一个能够带领学生阅读、引领学生发展的好老师，努力把我们的学校建成一个飘满书香的人文校园。

——郗会锁在第五届读书论坛上的讲话

读着读着就明白了什么是幸福

语文老师：张春晓

收获幸福的途径有很多，最简单易行的便是读书。读着读着，就明白了什么是幸福。

我从读书对我的教学、教育和人生三方面的影响做一下诠释。

一、读书让教学更有趣味和深度

因为大学读的是汉语言文学专业，为了在参加工作后把文言文讲得更通透些，在大学时我就读完了一整套共计20本每本都如砖头一般厚的《资治通鉴》，读完了《战国策》和《史记》以及一系列的人物传记。比如，《孔子传》《诸葛亮传》《李白传》《苏东坡传》《纪晓岚传》，等等。参加工作后又读了《二十四史精华》和《上下五千年》。我做了大量的摘记，也写了一系列的读书笔记。

一次讲一个文言文片段，涉及西晋的八王之乱。我用5分钟的时间把八王之间如何自相残杀的来龙去脉梳理了一遍，学生们都听傻了。我还经常给学生做一些知识普及，如黄瓜为何叫黄瓜不叫绿瓜。其实黄瓜本来叫胡瓜，是从西域引入的，后来隋炀帝讨厌胡人，就根据谐音将胡瓜改成了黄瓜。比如，秦朝的“秦”字本来是上面两个“王”字、下面一个“木”字，秦始皇认为天下就剩下我一个王了，哪能二王同坐，于是就取了“春”和“秋”各半边，组成“秦”字，希望自己的王朝能千秋万代。

有一天讲到汉语变迁问题，我跟学生说其实我们现在用的好多词语并不是汉语，比如，“利索”“嘀咕”是满族话，“胡同”“马虎”是蒙古话。学生们惊呼不已。

读书，可以增强课堂的趣味性，让学生爱上语文。

当然仅仅吸引学生是不够的，还需要有过硬的专业本领。

为了能把古诗讲得更专业，我读了李元洛的《唐诗之旅》《宋词之旅》《元曲之旅》，读了《最美丽的古典诗词》、纳兰秋的《诗人的眼泪》和李国文的《中国文人的非正常死亡》，还写了一系列的诗歌鉴赏随笔，统一命名为“任是数语也动人”。这一随笔系列还在更新，每写完一篇我都会读给学生听，让他们慢慢去体会、鉴赏诗歌的角度和技巧。

有一次跟学生一起鉴赏陈子昂的《登幽州台歌》，我问学生们：“就这么几句都有点儿不像诗的诗，为何能让后世无数读者为之一哭？”学生们纷纷发表了自己的观点。有的孩子从时间角度分析：“前世英明的君主我追不上，后世英明的君主我等不及，可是生命只有一次，眼看着如此荒废下去，怎能不泪落沾襟？”有的孩子从空间角度分析：“天也苍苍，地也茫茫，可天地之大，竟没有诗人的容身之处，这才让人伤怀不已。”我最后总结：“我们不怕年华老去，怕的是年华空老。‘学成文武艺，货与帝王家’是古代士人的必由之路，但若帝王不识货，就只能在山林之中悄悄强健又悄悄衰老。到头来，人生毫无光彩之处，生命无声无息地消亡，就像泪水消失在雨水中。”当我讲完，全班响起了热烈的掌声。那种诗心碰撞、情感共鸣的感觉真的很美好。

当你有了足够的阅读量，你会发现，你所讲的每一个作者都是有血有肉的活生生的人，你所讲的每一篇文章、每一首诗都是带着强烈个人烙印的表达与诉说。当你在课堂上可以很自如地援引作者的人生经历，当你可以给学生提供专业的鉴赏视角和审美方向，你会发现，教书，真的是一件很幸福的事。

二、读书让教育更富智慧和温度

不读书，教育之树无根；不读书，教育之水无源。无根之木必凋，无源之水必竭。

受魏书生老师《班主任工作漫谈》的启发，我也让班里事事有人干、人人有事干；受曾军良老师《爱与智慧的教育》的启发，我跟学生探讨什么样的人生才是幸福的，从而帮助学生树立正确的人生观和价值观。

读孔子，用心体会他老人家视弟子如孩子的真情；读顾炎武，深入了解他“天下兴亡，匹夫有责”的站位与情怀。

教育的对象是人，所以教育不应该是冷冰冰的，而应富有智慧与温度。

记得本学期二调考试期间，上午考完试是12点，不少学生直接去食堂吃饭了，在班里学到12点20分的只有三分之一的同学。下午考完试，在语文试卷讲评前，我跟学生们说："我知道，咱班那些直接去吃饭的同学肯定是吃完饭就赶紧去宿舍复习下午要考的科目了，一定不是为了早点儿回宿舍闲聊。我猜得对不对？"学生们异口同声地说："对！"我说："好的，相信大家的回答都出自真心。下面开始讲评试卷。"那堂课，学生们都倍儿精神，后来期中考试，中午12点后我去教室，发现所有同学都在复习功课呢。

对学生进行的这次教育我只用了不到半分钟，但效果极佳。变有罪推论为有功推论，让学生在会心一笑中实现自我教育。

教育就是这样，不用非得金刚怒目，有时谈笑间就可以把墙推倒，搭成桥梁。

三、读书让人生更具质量与厚度

有人说："人活一辈子等于没活过。"因为人只有一辈子，无法和可能有的上辈子和下辈子做比较。不过幸运的是，我们还可以读书。

读书可以让我们了解到各种人的不同活法，从而给自己的人生以借鉴；可以了解到不同的人对人生的诠释，从而给自己的人生以指引。在这些借鉴与指引下，努力把自己这一辈子活得更好。

比如，读罗曼·罗兰的《约翰·克利斯朵夫》，你会懂得什么叫扼住命运的咽喉；读史铁生的《命若琴弦》，你会明白不抱怨也不苟且，因为一切都是最好的安排；读林清玄的《清欢三卷》，你会知道原来人可以活得这么有智慧；读周国平的《风中的纸屑》，你会看到这世上很多人活得比你深刻得多；读王小波的《一只特立独行的猪》，又让你认识到幽默真的是一种富有力度的智慧。

读书多了，我更爱微笑了，更愿意让自己的脚步走得从容，更愿意让自己变得幽默和有趣，更愿意对遇到的每一个人都心存感激。

读书，让我遇到更真更好的自己。

西方有句谚语，山坡上开满了鲜花，但在牛羊的眼里只是饲料。我们拥有一双什么样的眼睛就拥有一个什么样的世界，每个人眼中的世界其实都是不一样的。

对线条和色彩不敏感的人来说，《二泉映月》等于不存在；对文字和修辞不敏感的人来说，《哈姆雷特》和《红楼梦》等于不存在。那么，推而广之，对任何艺术门类都没有任何感觉的人，一辈子也只能活在一个实用主义包打天下的世界里。扪心自问，这辈子，我们有多少时间是自己把自己关在美好世界的大门之外了呢？

如周国平所说，这世上有太多的人在工作车厢里拼命挣钱，又在娱乐车厢里拼命消费。向前去再向前去，却不愿意停下来扭头看一看车窗外那美丽的风景。

一个本应有着生命灵性的人，却不能感受到这种生命灵性带给自己的崇高感，那么生而为人，又有何意义呢？

张潮在《幽梦影》中写道："文章是案头之山水，山水是地上之文章。"读书，让我的心思更细，眼睛更亮，使我很自然地去捕捉生命中那些富有意义的片段。哪怕在雾霾中，我也能感受到生命的美好与激情。

读书，让我看到更大、更美的世界。

丰富知识，涵养性情，启迪智慧，领悟人生，读着读着，就看清了来路与去路；读着读着，就明白了珍贵与幸福。

亲爱的朋友，在夜等着灯、灯等着人、人等着心的时候，打开一本书来读吧。祝你收获幸福。

……………………………………………………………………………………

张春晓：语文老师，高一年级主任。2015届所带两个班的语文平均分为河北省第一，2016届带出河北省理科榜眼。执教至今，将30余人送入清华、北大。获得衡水中学高考明星教师、五星级班主任、专业成长优秀个人、十佳德育创新标兵、十佳书香博客，衡水市优秀班主任等荣誉称号。荣获衡水中学"三三三"教学法特等奖、衡水市说课比赛一等奖、河北省语文优质课比赛一等奖、全国语文优质课比赛二等奖。获得三枚校长奖章。

遇见

语文老师：金江昆

一清如水情深美
康乃馨呀，康乃馨
请你带给我那远方的爸妈一冬的暖吧
他们曾喜欢听我稚嫩的念书声，字正腔圆，气贯长虹
剑兰呀，剑兰
请你送给那湖畔的恩师一生的温情吧
他们曾微笑看着我认真地写字，上躯笔直，眼神炯炯
满天星呀，满天星
请你代我抱一下我那异地的同胞兄妹吧
他们总是背着我的书包走在前面，高声背诵着唐诗《将进酒》
雏菊花呀，雏菊花
请你代我写一封满载同窗之情的信吧
他们总是在教室里、操场上传递着茶余饭后的食粮
太阳花啊，太阳花
请你再带着我和他到洒满月光的打麦场吧
我们总是兴致勃勃地争执着秦琼和关公的高下
玫瑰花啊，玫瑰花
请你替我再给她唱上一支歌吧
她总是不满意我在书中写下的诗篇

一束康乃馨
让我回到童年昏黄的灯光下

和父母一起，静静地念书
一束剑兰
让我想到少时明亮的教室中
和老师一起，默默地抄书
一束满天星
让我看到家乡曲折的小路上
和兄妹一起，开心地背书
一束雏菊花
让我听到青年理想的大学里
和同伴一起，幸福地读书
一束太阳花
让我梦到清秋的院落外
和发小一起，单纯地说书
一束玫瑰花
让我嗅到那年河畔的郊游
和爱人一起，真挚地谈诗

因为有书相伴，我遇见
最美的伙伴
白云仍在青山处
陶然于古琴声的韵律中
我听到了她的担当与坚忍
沉醉于围棋子的清脆中
我看到了她的圆融与深刻
忘情于笔墨情的周折中
我看到了她的淡泊与旷远
痴迷于色彩盒的互补中
我触到了她的安静与孤独
癫狂于青青竹的拔节中
我悟到了她的伟岸与蓬勃

熟睡于彩云飞的轻柔中
我遇到了她的纯洁与空灵

她，就是文化
带着文化给我的担当与坚忍
在烈日中，我坚定自己从教的脚步
她，就是经典
带着经典给我的圆融与深刻
在风雨中，我执着自己学习的征程
她，就是书籍
带着书籍给我的淡泊与旷远
在霜露下，我开启自己事业的新春
她，就是精神
带着精神给我的安静与孤独
在飞雪中，我高举自己一生的理想
她，就是教育
带着教育给我的伟岸与蓬勃
在疲倦中，我刷新自己心灵的高度
她，就是传承
带着传承给我的纯洁与空灵
在新生中，我重筑自己幸福的乐园

遇见，让我遇见了文化的含义
遇见，让我遇见了经典的生命
遇见，让我遇见了书籍的挚爱
遇见，让我遇见了精神的担当
遇见，让我遇见了教育的责任
遇见，让我遇见了传承的永恒
同样，遇见，让我遇见了最好的自己
来吧，让我们一起走向遇见

来吧，让我们一起走向书籍
来吧，让我们一起走向教育
卑微如尘不可轻

带着那帮童真的孺子
我问东方的青牛：什么是伟大
青牛说：伟大就是看见我身上的蚊蝇
捧着那润泽的诗书
我问南方的鸣蝉：什么是伟大
鸣蝉说：伟大就是看见蜕去的躯壳
夹着那陈旧的教鞭
我问西方的落叶：什么是伟大
落叶说：伟大就是看见衰枯的青草
揣着那折断的粉笔
我问北方的雪花：什么是伟大
雪花说：伟大就是田中瑟瑟的麦苗
拿着斑驳的稿纸
我问天空的白云：什么是伟大
白云说：伟大就是看见离群的鸿雁
顶着稀疏的白发
我问地上的嫩芽：什么是伟大
嫩芽说：伟大就是看见风中的微尘

青牛是伟大的
她棒喝孺子要关爱伤害过自己的人
鸣蝉是伟大的
她告诉诗书要重复原来的自己
秋叶是伟大的
她启示教鞭要担当别人的过失
雪花是伟大的

她帮助粉笔传递最温暖的自己
天空是伟大的
她指点稿纸要有一颗慈爱的心
大地是伟大的
她祝福白发永远像嫩芽一样青春
读书是伟大的，教育是伟大的
她们，让我们遇见
一颗伟大的心灵
她们，让我们遇见
一颗仁爱的心灵
她们，让我们获得
一颗博爱的心灵
那里，卑微如尘不可轻

师心如酒迎春风
师心如酒，酿吧，在读书中遇见食粮
师心如酒，等吧，在读书中遇见新生
师心如酒，斟吧，在读书中遇见明天
师心如酒，品吧，在读书中遇见幸福
师心如酒，敬吧，在读书中遇见崇高
师心如酒，干吧，在读书中遇见永恒
师心如酒，让我们来迎春风

金江昆：语文老师。衡水市诗词协会理事，河北省作家协会会员。

做闪闪发光的教师

语文老师：赵增普

法国作家司汤达说："轮船要煤烧，我的脑筋中每天至少要三四立方尺的新思潮。"现代诗人郭沫若受到启发，在一首叫《无烟煤》的小诗里，写下了"往图书馆里去挖煤去"。我又受到郭沫若的启发，把《书山藏宝可挖煤》作为自己比赛演讲时的题目。因为自从我当上老师就心怀一个梦想，希望有一天走进教室，瘦弱的身躯往讲台上一站，就能像一道闪电一样，照亮讲台下那一双双虔诚地渴求着知识的近视眼。而读书，只有读书，才能帮我克服长相和智力的先天缺陷，让资质平平的我也充满主角的光环。

一、带上问题读书，让智慧发光

刚才讲到我存在智力缺陷，可能有人不以为然——当老师的怎么可能智商有问题呢？但去年任教两个理普班的经历真让我有过智商不足的强烈挫败感：两个班开班时语文平均分差距3分多，结果一个班上课好像上操，士气昂扬，一呼百应；另一个班上课就像上坟，表情沮丧，死气沉沉。巨大的反差让我每天辗转于冰火之间，身心备受摧残。两次考试，因为弱班拖后腿，离中都很悲惨。但我想起尚凤奎主任的告诫："状态是拼出来的，不是等出来的。"要想摆脱落后，必须积极动脑筋找办法。我想起了自己的书山，挖啊挖，终于挖出来两本书——《学习的革命》和《幽默学全书》。很巧，两本书都是土豪金封面。我是这样分析的：学生听课没状态，要么是学生的问题（学法低效），那就必须加强学法指导；要么是老师的问题（讲课枯燥），那就必须提炼课堂语言；更有可能是两边都有问题，那就两本书一起看，想办法让自己的课堂既风趣幽默、娓娓动听，又内容精练、有很强的可操作性。这是很高的追求，但衡中老师当然要追求高远。去年的实践整体不算多么成功，但我实实在在提高了弱班的学习兴趣，使两个班的差距越来越小，到了下学期甚至强弱颠倒。更重要的是，这一年的经历让我意识到智慧对于一个教师的重要意义和读书对于一个智力薄弱教师的重要意义，正所谓勤能补拙、书能补智。

二、肩负使命读书，让创新发光

去年，我还接受了一个更大的挑战，就是承担了北大先修课中国古代文化的教学辅导。衡中是北大推广先修课的第二年才加入试点的，之前石家庄二中、邯郸一中也都派遣老师参加了师资培训，但都没能开课，因为这门课的教学大纲涵盖了古代行政区划、宗法礼仪、官制、建筑、服饰、饮食各方面，在北大都是由四五个教授一起开设的。而且别的课起码还能看看网上的慕课，而这门课由于牵头人中文系副主任漆永祥暑假忙于其他事务，当时连慕课都还没顾上上线。同事王小铭老师大概是听说我看书比较多，就推荐了我去参加培训，其实我之前只看过些语言文学、语文教学方面的书，对古代历史文化仅仅是抱有兴趣、粗知常识，就是踩上两块砖，也远远达不到胜任这门横跨语文、历史两个领域的课程的水平线。但我想起了学校对年轻教师的教导，“青年人，就是应该勇于挑战”，于是培训回来就开始拼命读书。一点儿不夸张，真的是有些拼命。去年我带两个理普，备课、上课、辅导、看作业的负担就不轻松，看书只能牺牲休息时间。我发现一个人燃烧自己的渴望真的可以战胜疲倦，短短一个暑假，我就把130万字的教材读了两遍，然后逐章再找参考书。每章少则参阅两三本、多则七八本。教课一年下来，我读过的相关著作有六七十本。虽然过程辛苦，但收获很多。在今年春季的全国统考中，我辅导的18个学生有10个考到A以上成绩，获得了直通北大自招考试的资格。凭借这个在全国领先的成绩，我与张校长和冯永庄主任一起参加了12月初在广州召开的中国大学先修课程年会，并受邀在学科分会场做了经验分享报告。

三、放开眼界读书，让成长发光

有了去年的苦读，今年先修课轻松了许多，但我从教路上又出现了新挑战，就是接手了C部615这个奥赛班。虽然只增加了一个班，但这个班很需要下功夫——高一七次考试一直处于4个奥赛班中第四名，成绩惊人地稳定。而且信息奥赛联考在即，学生平时有很多课外时间要花在学习奥赛上，很多高一能用的管理方法都不能用，这对我的课堂效率提出很高的要求。我一开始信心满满，接班就发下豪言壮语，然后故技重演，开始大量阅读教法书，从夸美纽斯的《大教学论》到张鸿苓的《语文教育学》，从魏书生的《谈语文教学》到希尔伯特·迈尔的《怎样上课才最棒：优质课堂教学的十项特征》。可是小学期两次考试，班级成绩基本没什么起色，搞得我恨不得戴着口罩进班。非常幸运的是，我来衡中短短两年，换了3个级部，居然和语文中心教研室三位特级教师都有近距离的接触：第一年跟信金焕主任教对子班，第二年和王文霞老师同一级部，今年更是非常幸运地拜了一位特级教师为师傅。最终，在师傅“八步备课法”的启发和每天严格又亲切的督促与指导下，我的课堂效率不断提高，终于在高二正式开学后的第三次考试中成功摆脱了倒数第一，然后连续两次第三，刚刚四调综合平均分排到了4个班第二名。我想起清朝张潮说过的“善读书者，无之而非书”，对啊，读书说到底也只是求知的一种方式。南校区进门就是图书馆，其实整个衡中不也是一座大图书馆吗？为什么不合上书，带上铁铲，挖掘挖掘身边的宝贵资源呢？就这样，我又看到了扩宽眼界之后广义读书给自己带来的更大的光环，看到了自己的成长，同时也看清了在阅读人生这部大书、教育这门大学问的道路上，自己仍不过是个蹒跚学步者。

我现在站在讲台上，感觉自己身上有了更多的光环。这些光环来自我读过的书，也来自我听过的课，来自我头顶火辣辣的探照灯，更来自两年以来我每时每刻都感受到的领导、同事的家人般的真情。我渴望和前辈、晚辈一起燃烧青春，为茫茫学海上漂荡的学子点亮一盏导航的明灯。我做过一个梦，梦见多年以后，我的学生们已经垂垂老矣，但依然在病床上用模糊不清的声音重复着那个遥远的语文课上赵老师讲过的病句和成语。我想一定要做到这一点，才算实践了张校长说的“给学生终生难忘的教育”。

……………………………………………………………………

赵增普：语文中心教研室副主任，教育部首批名师领航工程“信金焕工作室”成员。连续多年任教实验班，所教学生中有30余人考入清华、北大。获得“一师一优课”评比“市级优课”、河北省首届“中华十德与国学”微课大赛特等奖、中国大学先修课程“2017年度卓越教师”奖等多项荣誉。

忙而有得话读书

英语老师：王春玲

我们都明白阅读充电的重要性，但忙碌却是我们生活的常态。没时间是一个好的理由吗？答案是否定的。再忙也要读书，读书让我忙得有方向、有意义、有收获。

一、忙而不盲，读书引领课堂

2011年踏入衡中，身为青年教师的我每天都觉得自己很忙，备课、听课、上课，组题、教研、开会，忙东忙西，忙得晕头转向、天昏地暗，成天东一榔头西一棒子，连遇到人打招呼都显得行色匆匆，满脑子都是事儿。课还没有备充分就去听，听完还没有消化就去讲，在课堂上越来越丢失自己，整日地盲从、盲目、盲动，像一只无头的苍蝇一样瞎飞乱撞。有一种失败叫“瞎忙”，大概说的就是这种情况吧。

几个月后，省教科所杨勇军老师来衡中听评两节对比探究课，初出茅庐的我作为青年教师“被对比”。准备那节课我几乎使出了浑身解数，在两套备课思路中试了又试，把一堂课弄得热热闹闹，最后精心设计的讨论问题将课堂推向了高潮。可感觉良好的我却永远也忘不了冬天科教馆录播室里憋得通红的脸——“你为什么问这个问题？通过这个问题想要生成什么？”杨老师再问了什么，我已经记不得了，只记得听到这两个问题后脑子“嗡”的一下子就大了。问问题？问什么？怎么问？带着疑惑和不解，我如饥似渴地拜读了好多英语教育的书籍和杂志，如《走进高中英语教学现场》《高中英语教学设计与反思》《给教师的建议》，等等。其中对我触动最大的是《教学勇气：漫步教师心灵》，书中提到的以问题为中心的“学习共同体”彻底颠覆了我的课堂教学观。如果现在有人问我“课堂教学以什么为中心”，我会毫不犹豫地回答：“以问题为中心，而不是老师也不是学生。只有以问题为中心，师生双方才能真正地对话。”

忙而不盲，因为有方向，思想上大彻大悟般沉淀了好久，课堂上小心翼翼地凝练了一节又一节课。一年后再次上到这一课，深感那就是最熟悉的陌生人。我从单元话题导入阅读题目，又从题目中发问，再以层次性问题引导阅读，最终回到题目，引发对自身的思考。那堂课，满堂彩。我想，这就是所谓的“人们声称的最美好的岁月其实都是最痛苦的，只是事后回忆起来的时候才那么幸福”。而这由痛苦到幸福的路，是由读书铺就的。要想在忙碌的生活中不迷失自己，就应该让读书成为进步的阶梯。

二、忙而不茫，读书教我为师

班主任工作让小小的我备感压力和无助，常常想起李白那首《行路难》，“停杯投箸不能食，拔剑四顾心茫然。欲渡黄河冰塞川，将登太行雪满山”，却总也找不到“长风破浪会有时，直挂云帆济沧海”的豪迈。与学生斗智斗勇，我啃了不少心理学相关书籍，如《如何做最好的教师》《班主任最需要的心理学》《第56号教室的奇迹》《不跪着教书》，等等。美国心理学大师拿破仑·希尔博士说“真正的领导能力来自让人钦佩的人格魅力”，看到这句话我恍然大悟，原来，情绪是智慧不够，茫然是厚度不足。

看林达笔下的阿米绪人作为一个异端群体如何被美国宪法所尊重，我学会了该如何对待所谓的“异类”。有这么一个孩子，他是个典型的理科生，不学英语，又是个不能碰的刺儿头，谁碰扎谁，跟语文老师吵过架，对物理老师拍过桌子，脖子从来都是挺直的。他在小黑板上写“我偏不做英语”，可我没招他呀。我找他谈话，他说英语不好的少年前途无量。我说咱俩正好相反，我数学不好。他说数学不好的姑娘光芒万丈。我乐了，说那咱俩互补，都能前途光明了。说到喜欢的数学，他滔滔不绝，似乎对我的敌意少了很多。跟同学、父母吵完架，他总会义愤填膺地跟我说他是对的。我不跟他争，而是挑龙应台写给安德烈的信给他读，给他讲阿米尔和哈桑的故事。总归是聪明孩子，他都懂。高考后，他家长发来短信：“王老师，遇见您是孩子的福气，谢谢！谢谢！”其实，岂止是孩子的福气，是我在书中找到的福气。

三、忙而有芒，读书壮我心海

不再“忙”“盲”“茫”，我要大放光芒。在忙而不乱的工作中，我收获了很多，如十佳青年教师希望之星、最受欢迎教师、模范班主任、杰出女教师、专业成长优秀教师、卓越德育创新标兵等，还获得了优质课一等奖、全国教学技能大赛一等奖、全国优秀课展评一等奖等。化妆品滋养的是一个妩媚的你，而书籍喂养的是一个精神的你。我常常问自己：“你的精神颜值有多高？”教学成绩落后的迷茫与无助，不被认可的委屈与惶恐，生活中的无奈和进退两难，我都在书中找到了答案。张巍在《这辈子活得热气腾腾》中写的，一个人要活得像一支队伍，有忧而无惧，不怂亦不退。我想，或许我们无法拥有80岁而无悔的人生，却可以保有在80岁还敢重新开始的勇气，这就是我们为之努力的东西，就是让人生热气腾腾的东西。

“心亡”则“忙”，因此，无论有多忙，都务必切记“让灵魂赶上忙碌的脚步”。

……………………………………………………………………

王春玲：高一2部教学主任，高一年级英语学科主任。获得衡水中学专业成长优秀教师、模范班主任、十大杰出女教师、十大读书人物等荣誉称号。荣获衡水中学优质课比赛一等奖、衡水市教学展评一等奖、第七届全国中学英语教师教学技能大赛一等奖、第十届全国高中英语课堂教学优秀课展评一等奖。

领航的灯塔

英语老师：安静

从小我就很喜欢读书，有两个物件至今让我印象深刻。一个物件是小时候家里的书橱，里面装着满满的童话大王、上海故事和民间故事。我爸认为看这些书是不务正业，就钉上了书橱。不过上有政策下有对策，我跟我哥撬开钉子，每次拿出书再把钉子插上，伪装成原来的样子。但肯定有不提防的时候，我爸发现了就再钉上，我们就再起开。如此反复，所以书橱就变得伤痕累累了。虽然没少挨揍，可书也没少读。另一个物件就是我初中的课桌。那时的课桌没有不带窟窿的，我桌子的窟窿在正中间，是透亮的，正好可以把小说放到下面，很多武侠小说和言情小说就在这样的遮遮掩掩中读完了。记得有次课间，班主任进来喊了一声"安静了"，同桌碰了碰正看书看得入迷的我说"老师叫你了"，吓得我立马站了起来，顿时全班哄堂大笑。多年后，这些东西都已经消失不见，但它们却留在了我内心深处。

如果说年少时读书带给我的是乐趣，那么成年后的我从书中得到更多的是坚持的勇气和向上的力量。我读过很多书，有些已经忘了名字，但里面的一些话对我产生了深深的影响。

知乎上有个提问："失去父母后，你是什么感觉？"有人答："再快乐的时刻，只要想到他，立马就会哭出来。"我就是这样的。母亲去世时，我第一次体会了锥心之痛，多少次明知是梦，闭上眼睛不愿醒，希望再回到梦中与她相见，等睁开眼早已泪流满面。我很后悔没有在她身边多尽尽孝心，甚至看不了母女手拉手的场面。长久的压抑，走不出去，甚至生活都没有了方向，直到我读到了这样的话："我不知道该如何感激你，目前我的方式就是用你的精神活出我自己，我身上有你的光，有你……的魂魄，有你的气息，活出我自己就是活出你，就是让你活下去。”初次读到这句话，眼泪便夺眶而出，就好像积压许久的情绪都找到了出口。是啊，我要跟母亲一样，做一个善良乐观的人，而且勇敢地活出自己，只有过得更好才能对得起她，而且我也要更加珍惜身边的亲人。是书里的话让我有了前进的动力。

步入婚姻后，时间一久，总会有这样那样的矛盾，或大或小，小到鸡毛蒜皮，大到无法调节，感觉走到了缘分尽头。当年，站在这样的十字路口，我读到了《亲密关系》这本书，书中说婚姻是一个人的事，如果你认为婚姻是两个人的事情，那么不管你怎么努力，也只有百分之五十的机会幸福。而我们现实中的婚姻是一旦有了问题和摩擦，第一反应就会埋怨对方，心里对另一半充满了抱怨和愤恨——凭什么是我一个人付出？我要等对方行动，至少是双方共同努力。但是，慢慢你会发现婚姻里的很多问题是不能用对和错来衡量的——即使真的是对方操作失误，让家这艘船迷失了方向，你就能潇洒地弃船走人吗？其实，真正重要的是你最终想要的是什么。如果你想继续这段婚姻，如果想要这段婚姻幸福，那就要记住婚姻是一个人的事，你要把主动权牢牢握在自己的手里。

相信有了孩子的家长都会有这样那样的担心：他小时你担心他生病，他进了幼儿园你担心他是否适应，他上了学你担心他的成绩，他进入青春期你担心怎么跟他沟通……而且你会发现，你怕什么就来什么。我也曾陷入这样的窘境，孩子每次放假时都得上演母子大战——他埋怨我管得多，我指责他不理解我，我们的关系越来越僵。母亲健在时，我曾对她说：“妈，你真省心，我都没有青春期。”当时的她只是笑笑看着我没说话。但在许多次孩子跟我顶撞和较劲时，这样的场面突然让我觉得似曾相识，这不就是当年的我吗？或许母亲当时也跟我此刻一样担心——这孩子什么时候才能长大懂事啊？可惜我已经无法向母亲求证。不过就在那时，我看到了《感受爱》这本书当中的话——担忧，就是在错误的地方寻求答案和保护。细细思量，才发现一直以来我都是错的。于是我决定改变，首先不焦虑，把重心从孩子身上转移到自己身上，每天读书、锻炼、专注工作、充实自己，用乐观、积极的心态去影响孩子。其实，孩子的心态、品行、行为方式全是看着家长形成的。慢慢地，我的孩子也变得阳光和向上。还记得高三时他的成绩在连续进步中突然下滑，以往他会抱怨、找理由、发脾气，但那次他只是轻描淡写地说："没事，高考一定会好的。"如今的他，已经考入理想的大学；如今的我，也已学会在读书反思中成长，心态调整得更稳、更放松。所以对于家长而言，你的改变永远不晚——孩子的花期不同，别着急，让他慢慢成长吧。

从教21年，犹记得刚刚入职的踌躇满志和一腔热血，可慢慢地，会有一些时刻对自己产生怀疑，"我这样辛苦到底值不值得，到底为了什么，"而《追风筝的人》中的这句"为你，千千万万遍"给了我答案。书中的哈桑为了阿米尔，从小时的形影不离到为了守护他的家失去生命；而阿米尔为了哈桑，从那样一个胆怯自私的人到只身返回战乱的阿富汗，经历了九死一生，把哈桑的儿子带回了美国。这，就是信仰的力量，有信仰的人内心都是充盈的。同样，我有了一个可以终生付出的为之千千万万遍的事业——教师，我，也是幸福的。

《幸福课》一书中有一句话，说生活就像骑自行车，路有高有低、有缓有急，但只有在行驶中，你才知道怎样调整、转向、把握平衡。很感谢这段行驶的旅途，让我体验到了人活在世间的不同角色。也感谢读书，它让我明白：为人子，要活出自己，心中有爱；为人妻，要尊重包容，主宰幸福；为人母，要榜样引领，放松心态；为人师，要坚定信念，初心不改。

书多像海中的灯塔啊，伴人一路前行，让迷航的人找回方向。感谢书籍，感谢这些智慧的话语，一次次在我偏离人生航向时将我拉回正轨。所以多读书、多学习、多反思吧，相信每个人都可以在书中收获属于自己的感悟。

……………………………………………………………………………

安静：1999年参加工作以来，已经带过11届毕业班。

读书点亮生活
——樊登阅读给我的收获

英语老师：李志林

樊登，曾是北京交大的老师，讲起课来妙语连珠、旁征博引；也曾是央视著名主持人，说起话来逻辑清晰、思维缜密。他倡导全民阅读，致力于让3亿国人养成阅读习惯，他是攀登读书会发起人。从央视主持到樊登读书会的掌门人，5年不到，攀登读书会会员过千万，2018年双十一单日销售额过2亿元。他正在用阅读改变着中国。

我初识樊登老师，结缘于2017年北京新精英的第七届“做自己”论坛。当时的樊老师用观光式阅读和沉浸式阅读两个理念把分享推向了高潮。我在想，到底是什么让他放弃了央视主持，专注于知识付费时代下的小趋势？

带着各种疑惑，返程当天我就聆听了他讲解的新书《正面管教》。不到一小时的时间，我就被樊老师的讲解深深吸引，从此一发不可收，每周坚持听读一本书，直到现在。静心思考，一年多的樊登阅读我到底收获了什么？

收获一：它迭代了我的认知，是真正的家庭管理的教科书

《正面管教》说，严厉型的孩子有规矩没有自由，娇惯型的孩子有自由没规矩，正面管教型的孩子和善而坚定。

今年暑假，我带孩子去了宁波，参加了宁波青少年职业生涯体验营。这个职业体验中心是新高考改革下为了帮助各中小学生的生涯探索而建的公益项目，由宁波市政府投资7800万，由宁波市教育局和各高校联合打造，学生们通过职业探索能更真实地了解学科和大学、专业和行业之间的匹配关系，在中小学阶段就能培养生涯规划的意识。体验中心规模上有两个衡中本部的揽月楼大小，每个教室都是一个独立的行业探索空间，教室的配置都是实实在在的先进仪器和设备。我最初的想法很简单，孩子需要关注和陪伴，利用放假时间增进父子感情是个不错的选择。可是一路上孩子沉溺于网络游戏不能自拔，和他的沟通少之又少，而且每次和他说话他那诡异的眼神分明在故意防着我。我到底怎么办才能真正走进他的世界？晚上趁他睡觉手机充电时，我浏览了他的手机。说实话，当时开机的一瞬间我内心是崩溃的——他的QQ好友列表群组都是一些非主流的昵称，聊天的内容更是让我困惑不已，除了网红就是网游、玄幻、动漫以及二次元世界。我突然意识到，难怪孩子和我聊不到一起，原来我和孩子压根就没在一个世界。

当晚思前想后睡不着觉，于是我重读了《正面管教》，课程里樊登老师教育自己孩子的实际案例给了我很多翔实有效的建议。用樊登老师的话说，每个孩子相对于被指点其实更渴望被看见。他们打王者、看玄幻、聊动漫，其实都是在发行他们这一代人的社交货币啊。他们那个圈子别人都在干的事你不干，你学习再好在他们的维度都是个学渣。做家长的你给得再多都不如陪伴，“先跟后带”才能真正走进孩子的世界。真正厉害的家长是让自己的孩子在学习和生活中一样能体验到游戏中的那种快乐。

樊登老师的话深深地击打着我的内心，我也开始反思自己的种种，迫使我从认知理念上迅速切换。接下来的几天，我和孩子一起尝试了很多体验性活动。现在回想起来，对于孩子后期的改变应该是起到了关键的作用。比如，接下来的一周我们一起上舞台演话剧，一起下车间做模型，一起体验电影特效化装，一起体验商道游戏。白天一起研磨咖啡、自制比萨，晚上一起上演密室逃脱、争做狼人高手。最后还一起参观了中日甲午战争纪念馆，感受历史、缅怀英烈，培养孩子的爱国情怀。仅仅10天的职业体验，我能切实感受到孩子每一分钟都是巅峰体验，对每一项活动都是倾情投入。孩子的兴趣被点燃，变得越来越有自信。原来那个胆小害怕只知道一个人在角落里玩游戏的小孩儿不见了，突然变得特别外向，变得敢于表达，和同学们有说有笑，简直是玩疯了。在最后一天生涯的结营时刻，他凭借个人展示、职业测评、量表分析和导师评价等各方面的优异表现惊艳全场，给所有师生留下深刻印象的同时也带给我深深地感动。这次经历告诉我，只有当你把樊登阅读中的理念在亲子关系中做到学以致用的时候，才会发现这是可执行的教科书。

收获二：它改变了我的阅读方式，从根本上提升了班会质量

不得不承认，大学毕业后，信息时代的碎片化阅读让个人阅读能力不断退化，我每年的平均阅读量不超过5本书。樊登读书会APP的发现，让我找到了新的阅读方式——每天从家到学校开车10分钟，车一启动蓝牙自动连接播放。一周下来，一本书能循环听读三五遍。一年来，我积累了大量的信息和案例故事，以至于无论是在班级管理中还是在课堂教学中，尤其是在开班会的时候，都能觉察到持续阅读带给我的巨大收获。

每周日的班会有新书同步分享的固定时间。一年时间，我根据班级需求，先后开过30个新书分享的主题班会。渐渐地，每周同读一本书成了班级的一种习惯，同时也形成了独具特色的班级文化。

上次年级部安排我考后公开班会，我确定的主题是“跃迁——成为学习的高手”。班会内容并没有分析考后数据，没有让学生反思问题，更没有励志宣誓和口号，而是从高考层面的顶层设计到学生学习的底层逻辑去探索学习的规律，引导学生在学习中要善于链接资源、抓住关键，用破局思维成为学习的高手。此次班会从另一个维度探讨学习的本质、努力的方向和跃迁的规律，耳目一新的内容得到了在场师生的一致好评。会后有老师说：“听完班会，整个人的时间管理自我效能和目标感都变得特别清晰了。”也有老师在OA里跟我说，这是他所听过的“最靠谱的班会”。

另外，每年12月是我们衡水中学的文明素养提升月。为配合学校的主题月活动，我在班内开了一个“扫除道”的主题班会，作为班级文明素养提升月的启动仪式。简单说，扫除道的核心内容就是厕所革命。厕所革命的作用在笔者看来，从小处说可以改变个人和家庭，往大处说可以改变国家和社会。学生成绩不好，学习扫除道；班级状态不好，学习扫除道；企业效益不好，学习扫除道；社区治安不好，学习扫除道……总之笔者认为百术不如一清，要想成功，从我做起，先搞卫生。最终的效果可以使所有参与扫除道的人孕育感动、萌生感恩。

我利用周末放假时间带领全班走进揽月楼办公区、教研室，尤其是对各个厕所进行了一次轰轰烈烈的厕所革命，用实际行动践行文明素养，体验扫除道精神。大家热火朝天地折腾了一小时，办公环境尤其是厕所卫生有了质的提升。从效果看，比我预期的好很多，毕竟打扫厕所很脏而且是很“丢人”的事，尤其是利用放假急着回家的时间打扫厕所更是第一次。不过从现场的火爆场面来看，学生们很享受这个过程，干得热火朝天，有说有笑。班里一个学生用了近半小时把一个堵塞了好几天的便池给疏通了，兴奋得不行，逢人便讲“把厕所疏通的感觉简直是太爽了”，这也成了他在当周周记本上写的最重要、最有成就的事。这个“第一次”让我明白了，体验劳动还真的可以孕育感动、萌生感恩、产生改变。

收获三：它让我链接到更多的资源，最大限度地放大了个人价值

去年寒假，又是一次读书会的分享盛宴。来自台湾的著名作家刘墉之子刘轩可谓是才华担当，整场分享下来，干货满满。同台竞技的还有多位IP、大咖，如一土学校创始人李一诺，青年导演李尚龙，生涯规划师、新精英创始人古典，等等。他们的演讲功力均得益于每年50本书以上的深度阅读和持续学习，他们每一个人都是各自领域的思考者、观察者、成功者，他们凭借自己强大的知识储备，展现了对这个世界的思考、策略和勇气。链接强者的资源，感受大家的智慧，换一个角度看世界，你会发现这个世界上有那么多卓越的人在自己热爱的领域里做着对我们的社会非常有意义的事，慢慢地，你也会发现一个不一样的自己。

正如樊老师所说，在这个知识爆炸的年代，最好的方式是走向知识的源头和最强大脑联机，总有一天你会成为创造知识影响他人的人。在我的影响和努力下，我的周围有越来越多的人踏上了读书会的大舞台，走上了持续学习的快车道，成为终身学习的先行者，成为第一批知识付费时代的领航人和受益者。

逻辑思维创始人罗振宇说，这是一个个体崛起的时代，这个世界正在飞速逃离你的认知，它早已不再是那个金字塔式的存在，而是一个仙人球。它的表面变得越来越大，大到任何一个阶级、任何一个个人，在任何一个地方，只要找到一个点，扎出一根刺，不断升级，持续迭代，终身学习，你终究会成为自己的珠穆朗玛峰。

新的一年总会到来，让我们一起从阅读开始吧。因为不管你是要改变世界、活得精彩还是关爱家人，一切都得从你自己开始。

如果你有一个馒头，请照顾好自己；如果你有十个馒头，请照顾好身边人；如果你有一千个馒头，快开个馒头店来改变世界。总之，你才是世界的核心。

读书点亮生活，让世界变得更美好。谢谢大家！

………………………………………………………………………………

李志林：中学一级教师，生涯咨询和高考志愿规划师。曾多次获得衡水中学五星级班主任、高考明星教师、高考明星班主任、十佳德育创新标兵、第五届优秀读书人物等荣誉称号。荣获2019年“校长楷模奖章”。

读书，为寻找生活中的野草莓

政治老师：张盼

生活的乐趣与充实在喂养孩子和教书育人之间有序进行着，生活总会给我们一些惊喜——在学校和学科组的厚爱下我接到衡水市网络直播课比赛的邀请，课题自定。经过和师傅们的探讨，结合自身的情况，课题定为《源远流长的中华文化》。教材文字要求通俗易懂，然而博大精深的中华文化意蕴深厚，能不能讲出这种韵味是重大的挑战。

许倬云老先生的《万古江河》给了我很大的启发——从历史的角度感知中华文化走过的数千年历程，起起伏伏，内化修正，不断更新，绵延不绝。我打破教材编排，重新确立结构，从赏、析、论、谈四个角度阐释中华文化的源远流长，拓展教材知识。汉字不仅是中华文化源远流长的重要见证，更能承载中华民族的感情。当时正值祖国70周年华诞“用我手写我心，我文抒我情”的活动，我因此决定书写三行情诗来引导同学用汉字表达对祖国的感情：“纸短情长，辞浅情深，皆因我对祖国爱得深沉……”

比赛结束后，很荣幸拿到了一等奖。感谢师傅们的指点，感恩与读书遇见！读书，让我深切体会到教育不仅仅要把知识传授下去，更重要的还有诗和远方；通过课堂学习的不仅仅是知识，更是伴随终身不可或缺的文化基因。而我，通过阅读有幸成为这枚文化基因的唤醒者。

新学期的教学聘任中，我由一名青年教师转变为一名研课主任，内心可以用信老师在省人代会上的3个词来形容：“暖乎乎”“热腾腾”“沉甸甸”。感恩于学校学科的厚爱和信任而暖乎乎；新的角色让我更加有激情地挑战专业的不足而热腾腾；沉甸甸，则是因为这更是一份责任。

做研课主任之初，布置的任务往往达不到想要的结果。怎样提高团队的效率，避免徒劳？从《可复制的领导力》中我找到了答案：在日本企业中，工作任务一般需要交代五遍：第一遍，交代清楚事项；第二遍，要求复述；第三遍，探讨此事项的目的；第四遍，做应急预案；第五遍，提出个人见解。

按照这样的方法，教研之前，我先写好研案即需要交代的事情，这样简洁明了地通知到大家认领各自的任务——大家复述自己需要做的事情——我们一起探讨做事的目的——预估做这件事可能会出现什么问题——提出需要团队帮助做什么、提醒注意的事项，建议怎样做会更好。经过这样的复杂流程，可以确保团队每个人都能充分理解做事的目的和方法，减少后续失误的可能，避免徒劳无功，防止“重做”的风险，节约了时间成本。

读书让我认清了自己的问题，提升了解决问题的能力，更加直面新角色上的困难，在专业成长的道路上不断探索。道路虽然坎坷，但未来一片光明。《终身成长》谈到成长是每个人一辈子的事，无关年龄，无论何时，停滞成长才是最可怕的衰老。在其位，要谋其事，认认真真做好本职工作，做到研课主任的“十个角色”，为学科建设、教学改革、学校发展做出应有贡献。

《幸福课》这本书给了我这样的启示：不跟问题死磕，带着问题前行，专注脚下，把失败当作反馈，在不完美中自我滋养。

三十而立的年龄，在家庭中我们已为人父母，在工作中我们是中坚力量，做好角色的转换，承担责任，在读书中遇见更好的自己，就像一则寓言故事的寓意那样：有一个人正在山上走，被一头老虎追赶，他跳下悬崖，抓住了一条藤，藤开始松动，他逐渐往下掉。掉下去就是万丈深渊，这时候他会怎么办呢？他看到藤的旁边长着一颗野草莓，他选择努力伸手去摘那颗野草莓，然后品尝野草莓的滋味。

我们经常生活在自我感知进退两难的关口，但是也不要忘记，你身边可能还有一颗可以去好好品尝的野草莓，那才是生活的真谛。

……………………………………………………………………

张盼：政治研课主任。多次获得衡水中学优秀教师、优秀青年教师、专业成长优秀教师、杰出女教师、青年教师希望之星、优秀研课主任、优秀师徒、十大读书人物等荣誉称号。多次荣获衡水中学优质课比赛一等奖、衡水市中小学课例展示一等奖。

读书，就是回家

地理老师：侯洁颖

“读书，就是回家。”这是在央视文化节目《朗读者》中听到的一句话，当时，我的心为之一颤！家是什么？是让你熠熠生辉的职场，是有亲人翘首的那扇窗，更是我们疲累不安时的心灵归宿！它是我们最重要的地方、最熟悉的地方，也是我们最容易忽略的地方。今天就让我带大家重温回家的路。

一、读书让教师更有魅力

大学毕业后，职场就是我独自面对的第一个家，是实现自我价值、安身立命的家。在衡中这个人才聚集的地方，究竟什么样的人才能站稳脚跟，应该就是那个内心自信的人。而内心的自信感，是因为读书带来的厚重和格局。

中华浩瀚的诗词文化，从小就感染着我们每一个人，也让我徜徉其中，领略独特的韵律之美、文字之美、境界之美。读书不仅可以增长智慧、提升文采，还让我的课堂有声有色。

讲到四川地形时我会引用李白的《蜀道难》：“连峰去天不盈尺，枯松倒挂倚绝壁。飞湍瀑流争喧豗，砯崖转石万壑雷”“蜀道之难，难于上青天，侧身西望长咨嗟！”由此让学生进一步理解西南地区的地形地势特征。讲到地理环境差异性，我会引用白居易的《大林寺桃花》：“人间四月芳菲尽，山寺桃花始盛开。长恨春归无觅处，不知转入此中来。”学生们豁然开朗，更加喜爱地理，热爱地理课堂。

时间久了，我也会试着写一些和课堂情境有关的文字，来体现地理课堂的意境之美。记得2011年年末，我参加市里的优质课比赛，在讲解温带季风气候特征时，我就写了几句小诗来体现四季的轮回之美，“春临芳草地，夏览绿荷池，秋饮黄花酒，冬吟白雪诗”，引起了学生们强烈的参与意识，课堂气氛热烈而活跃，一等奖也是实至名归。

除了诗词，我平时读过的专业性的书籍也让我在教学中打开了全新的视角，有更独特、更新鲜的素材，也轻松地在“原创命题”比赛中先后获得了九届一等奖。

读书让我在课堂设计上更是受益匪浅，在“三三三”教学法优质课比赛中，如何能生动有趣地阐述交通与区域发展的关系呢？我以曾经读过的美国作家斯坦贝克的《愤怒的葡萄》这部小说描述的故事为历史轴线，讲解了美国66号公路从无到有、从繁华到衰落对美国经济发展的影响。案例新颖，设计巧妙，特等奖收入囊中。

乞力马扎罗山是一座海拔近6000米常年积雪的高山，据说它是非洲最高的一座山。西高峰被马赛人称为“鄂阿奇–鄂阿伊”，即上帝的庙殿。在西高峰的近旁，有一具已经风干的豹子尸体。豹子到这样高寒的地方来寻找什么，没有人做过解释。我也不知道豹子要去寻找什么，但是当读到海明威的《非洲的青山》时，困惑我许久的一节课堂设计就奇妙地出现了——以乞力马扎罗山为背景资料，深刻剖析环境与植物二者的关系。这堂课在长沙的同型课中独树一帜，独特的视角得到了与会专家和教育同行的一致好评。

在不知不觉中，书籍不仅帮我打开了一扇又一扇认识世界的窗，还借给我一双翅膀，引领我攀越了一座又一座高峰！

二、读书让生活更有内涵

我让自己喜欢上读书，除了职业上的责任，还有一个重要的原因是要塑造书香家庭。我知道，从小培养孩子阅读习惯的父母对孩子言传身教的教育方式必定会使孩子一生受益。

今年12岁的儿子热爱运动，喜欢打篮球、滑滑板，身边总有一群活力四射的小伙伴。一旦安静下来，他就会窝在书房的一角静静地读书。他热爱读书，喜欢历史，喜欢自然科学，喜欢动物小说，也喜欢推理探险故事。广泛的阅读，让他在一群小伙伴当中总是充当“智多星”。他就像一株小白杨，努力地吸收着养分、沐浴着阳光，健康快乐地成长着！随着他不断长大，理解能力不断增强，我也有意识地给他读一些感恩亲情类的书籍，让他能体会人与人之间的情感交流方式，也期待着他能顺利地度过即将到来的青春叛逆期。

最近我和他共同读了一本书《外婆的道歉信》，这本书有儿童书的清新味道，而它散发的温情气息又征服了各个年龄段的人。瑞典作家巴克曼在这本书中写道："要大笑，要做梦，要与众不同。人生是一场伟大的冒险。"每每看到儿子澄澈的眼睛里流露出的思考和感动，我都会唏嘘不已！

我也经常和他分享读书感悟，我常常对他说："读书的多少就像人在不同的楼层，不同的楼层就会有不同的视野和心态，就会造就不一样的气质和胸怀。""虽然读书不会给你带来直接的财富，却可以使你的内心富足。"

我想，一个从小热爱读书的孩子，长大以后必定是一个包容他人、懂得感恩的人，必定是一个思维足够开阔的人，也必定是一个内心极其富足的人。因为，书这一张纸比钞票更值钱！一本书就是一个世界，阅读越多，内心越沉稳。

三、读书让生命更有意义

有人说，一个人的气质里藏着曾经读过的书、走过的路、爱过的人。因为气质是岁月长期沉淀的产物，是漫长时光给予我们的最好的礼物。你的内心是怎么样的，你的世界就是怎么样的，你走过的路、读过的书不会骗你。

我特别喜欢《论语》中子夏的一句话："君子有三变：望之俨然，即之也温，听其言也厉。"这不正是我们教师的生动写照吗？远望老师，很庄重；近看老师，很温和；听老师讲话，一丝不苟，严肃认真。我经常提醒自己，孔门后人要有圣贤气象。我从不断的阅读研磨中，慢慢改变着自己的气质，提升着自己的境界和修养，内心也感觉到了无比的充实和幸福。

当你爱上读书，你便会发现，整个世界都在偷偷爱着你。读书就是一场修行，这是一辈子的事情。我们读过的每一本书、每一页字，最终都会浸润我们的生命，照亮我们前行的路。

读书就是回家，在你不需要时感觉不到它的存在；在你需要的时候，它总会及时地出现在你的身边，忠诚地守候在你的左右，和你的心灵进行温馨的对话。让书带你回家，让书安你的心，让书练你的翅膀，这就是幸福的根源吧。

读书就是回家，真好！

侯洁颖：地理研课主任。连续多年获得衡水中学优秀教师、专业成长优秀教师、最受学生欢迎教师、高考明星教师、十大读书人物等多项荣誉称号。先后荣获衡水中学优质课特等奖，衡水市优质课一等奖、说课一等奖，河北省优质课一等奖、录像课一等奖。

阅读，浸润生活小确幸

地理老师：尚美

一直觉得，阅读给我带来的小确幸让我的生活充满了期待……

一、阅读，浸润成长

因父母相信“腹有诗书气自华”，我自幼便被要求多读书。永远忘不了孩童时期独自在家，陪伴我度过那些孤寂日子的是书籍。读书，从《童话大王》到《红楼梦》，从《巴黎圣母院》到《白鹿原》……我喜欢文字给予我的美妙和优雅，喜欢阅读带给我的充实和满足。书籍，让我的童年不是写不完的作业和无休止的辅导班，而是阅读带给我的快乐时光……

慢慢地，我发现自己尤其喜欢那些与山水自然有关的诗句与文章，多少次我沉醉于《行者无疆》《山河之书》《国家地理》中无法自拔。古人云“读万卷书，行万里路”，世界那么大，总得去看看，于是，书籍带着我，我带上身体和心灵——上路！因喜爱老舍笔下的细腻，我多次于冬日里赴济南体会那里的山水地质成因和淳朴的人文风情。因贪恋“天苍苍，野茫茫。风吹草低见牛羊”的辽阔壮丽，我去了内蒙古感受那里水草肥美的草原地貌。因酷爱仓央嘉措的《那一世》，我穷游去了西藏，在那里的蓝天白云里、在和平宁静的经书中领悟“转山转水转佛塔，不为修来世，只为途中与你相见”的唯美。阅读，让我的心灵突破现实桎梏，让精神来一场跨越地域千万里、跨越时光千百年的旅行。

那次的西藏之行让我至今记忆犹新——盘旋在山区的车突然在下着雨的路上抛锚，左侧是悬崖，右侧是随时会塌方的陡峭山体，所有人都寒毛直竖。当我们的车终于修好开出事故路段时，车后随即发生了山体滑坡，当时全车人都鼓掌庆幸战胜了死神。以前读余华的《活着》，不能完全理解主人公徐福贵有那么多的苦难和不堪为什么仍然坚强地活下去，那一刻，我突然醒悟，没有比生命更美好的事，正因为生活的异常艰难，活着才具有更深刻的含义。在路上，有书为伴，探索天地苍穹，让我的旅行更加丰富，让风景不只过眼，更铭记于心。

阅读，旅行，成长。

二、阅读，浸润教育

工作后，将爱好变成专业，我尝试把阅读过的那些书籍与文章引入地理课堂。记得初登讲台给学生讲授月相时，引入了诗句“可怜九月初三夜，露似珍珠月似弓”。我当时讲：“农历初三，月亮的形状是弓形的，属于蛾眉月；‘月落乌啼霜满天，江枫渔火对愁眠’则属上弦月；‘海潮随月生，江水应春生’是说潮汐最壮观的时间是满月时……”那些看起来枯燥无味的月相知识瞬间变得生动和简单，课堂上学生顿悟和羡慕的眼神让初为人师的我充满了成就感……

阅读也让我在课堂教学设计中思路如泉涌。2015年赛课，在《天气系统》一节中我果断抛弃了传统的天气预报导入，利用了曹操“智筑冰城”的典故，整节课围绕这个故事展开，让以往学生们难以理解的“锋面气旋”这个重难点一下子变得简单又趣味十足。那堂课获得了评委们的一致好评，一等奖自然收入囊中！

如果没有过去的阅读，也就没有今日课堂设计时游刃有余的我。

阅读，浸润我的工作，浸润我的教育生涯……

三、阅读，浸润家庭

初为人母，面对那个粉嘟嘟的小肉球，作为新手妈妈的我总有各种困惑，还好各种育儿书籍陪伴我度过了那段难熬的产后时光。待小肉球长成了小男孩，他的成长过程中我依然用书籍去解决各种小问题，《好妈妈胜过好老师》《目送》《孩子你慢慢来》《这样说，孩子才会听》等书籍让我学会了怎样陪伴孩子成长，也让我和平愉快地度过了很多幸福的亲子时光。

我自己喜欢阅读，我也深信一个从小热爱读书的孩子长大后必定是一个懂得感恩、思维开阔的人。所以，在忙碌的工作之余，我尽最大可能腾出时间陪儿子阅读，从给儿子启蒙的黑白卡到他牙牙学语时的幼儿绘本，从可爱的卡梅拉到大部头的交通工具儿童百科全书，儿子都表现出无比的喜爱。今年四岁半的儿子热爱读书，喜欢自然科学。幼儿园的老师表扬说："果果能独自讲述听过的故事，而且一字不差！"不久前，我惊喜地发现他设计的"剥花生机器"竟然是从我们一起读过的《揭秘物理》中获得的启发……我相信这些生活中的小幸福和小惊喜都是阅读带来的！

阅读，更是浸润了我生活中每个角落。快节奏的工作中，《瑜伽慢生活》带我走入静谧、舒展的瑜伽空间；心情低落时，《一切都是最好的安排》《世界上的另一个你》让我坦然勇敢地面对各种困难；周日午后一本《丝绸之路：一部全新的世界史》让我穿越千年，爱不释手……

我相信这个世界上真的有人在过着我想要的生活，然而我终究只是一介凡人，既有工作要朝五晚九，又有家庭要相夫教子。人在途中，幸而有书！在不断地阅读中，我提升了自己的境界，也用书籍滋养了家庭。郗校长说："与其去追求幸福，不如幸福地追求！"在阅读中，我幸福地行走着。在阅读中，我幸福地攀登着一座座教育高峰。在阅读中，我幸福地追求着生活的真谛！我相信，生活中的小确幸，会在我们走过的路上，在属于我们的那方讲台上，在我们读过的书中，和心灵对话，然后悄然跃出纸外，浸润生命！

……………………………………………………………………………

尚美：高一年级地理研课主任。荣获衡水市班主任素质大赛一等奖，河北省综合实践课说课比赛一等奖、地理优质课比赛一等奖等。

书润生命，优雅人生

化学老师：李畅

我始终认为，人世间最美的穿越，不是从现代到古代，而是从一颗心到另一颗心。月光宝盒到达不了的地方，读书可以到达。漫步书海后才恍悟，原来生命中所有的奔跑都是为了更优雅地停下来。

优雅第一站：书香滋润，爱情之树常青

与他的相遇是一个说不清的谜团，或许，所有的故事开头都是这样，适逢其会，猝不及防。一旦开始，收不住的便是图书馆有约。宽大明亮的图书馆里，捧一本书，对面而坐，偶尔对视，便醉了整个世界。是读书让我们相遇相知相爱。

南歌子·相约师大

丁香何日发，暮雨洒西亭。暑日凉风凌波轻。蝶恋花丛，郁郁诗意浓。
谁家女娇雍，淡妆亦从容。花女女花辨不清。铁心人儿，也会动真情。

毕业季是大学恋爱的死穴，故事的结局一般都是花开两朵、天各一方，我们却依然十指相扣，来到了衡中。感谢他的义无反顾、一路相随，更感谢书香滋润，让我们的爱情之树常青。今年我们并肩作战在忙碌而充实的高三，读书同样陪伴着我们，也愿我们的努力与付出能为伟大的衡中增光添彩。这可能不是最伟大的爱情，却是最好的相知相守。

优雅第二站：书香浸润，教育之花常开

写一点儿小诗，点缀感情，是一件妙不可言的事情。当然点缀一下课堂，有时候也会收到意想不到的结果。

高三考试比较多，我看到期中成绩的一刹那，负面情绪一溃千里，试卷讲评时很想发火，可简单的情绪发泄只能让学生更反感，于是我给学生写了一首小词。

钗头凤·期考有感

瑞香满，金波淡，隔帘看花方寸乱。才学浅，品位低。难入你眼，愁肠九转。断、断、断。

口欲唤，心已颤，咫尺天涯空嗟叹。意难言，泪成线。能否苦干，圆咱心愿。盼、盼、盼。

看完词后，全班瞬间沸腾了！等同学们安静下来，我说："同学们，其实不光是我在盼，所有关心你们的人都在盼，盼你有个好的未来。只有埋头苦干，才能将梦想拉进现实。面对困难，我绝对不会认输，相信你们也一定不会认输！"学生们鼓掌，眼神里的坚定和不服输让我欣喜，我只用了5分钟就与学生做了一次深入的情感交流。第二天，我的桌上放了一张字条。

定风波·和师李畅

晓风残月雨丝断，木叶纷纷归路寒。残香已尽夜应暖，莫叹！塞翁失马何须怨？

昨日何须再多言，茫若天涯心未远。笑对天高轻云淡，请盼，腊月哀兵再征战！

我有了一个意外之喜。如果当时没有一点儿积淀，不能信手拈来，可能我那一节的讲评会很普通；如果发火了，结果会更糟糕。感谢我当时那一闪而现的灵感，让我与我的学生诗意地加深了了解。我一直觉得要写点儿好的东西，一定要有灵感，而灵感是被无数次的读书与感悟滋养产生的。书读得多了，写就成了自然而然的过程。考前，我又送了学生们一首小诗。

独坐

月隐星淡天欲明，

掌灯不灭梦难成。
披衣独坐更思量，
锦绣之名须用功。

成绩揭晓，五调、百校联盟、六调，两个班均遥遥领先。

今年理综开始于12月7日，正逢大雪节气，学生慌乱不已，我用诗给了学生一个建议。

初见理综

大雪初见意难平，
笔走龙蛇心需静。
莫焦莫躁勤于练，
不负明天不负卿。

学生又是一阵感慨。我说："一个化学老师，能将诗句信手拈来，我坚信你们站在人生最重要的高三，搞得定拉格朗日，学得懂ABCD，悟得了李畅的诗句，也一定玩得转物化生的理综。"

掌声响起来的同时，我想学生们的信心也一定长了起来。读书浸润生命，让我与学生相互滋养，让我的教育更加得心应手。在一切最好的时光里，闪烁着我们师生共同努力的身影。

优雅第三站：书香温润，人生之路常暖

我的祖父，戎马半生又是教师，于文，琴棋书画吹拉弹唱样样拿手；于武，有勇有谋双手持枪毫不逊色。记得很小的时候，祖父总是严厉地督促我读书，我虽不敢细问但也带着不解从小读到大。当我成了教师，才发现祖父那是怎样的一种修为，才发现祖父给了我怎样的熏陶感染。感谢祖父，让我一路书香相伴，让我的人生之路充满温暖，让我的教育之路情趣盎然。

还记得大学的一个假期，偶遇小时玩伴，寒暄之后聊及彼此的现状，她问："你结婚了吧？有儿子吗？房子多大呀？你开什么车呀？你老公一个月给你多少钱呀？"坐在她的奥迪车里，看着她手上的大钻戒，听着她连环式的发问，恍惚间觉得眼前这个人好陌生——小时候与我心意相通的那个玩伴已经湮没在人群里了，不可能找回来了。我可能永远不会拥有她那样的富裕，可她永远也不会懂得自己的悲哀——房子、车子、票子和孩子不是用来炫耀的，更不是生活的全部。巴金曾说我们不是单靠吃米活着，是啊，仅有物质而精神荒芜，这样活着该是多么可悲？人与人的差距永远不是钱、房、车的问题，而是生活品质和生活情趣的差异。

读书有所见作

人心如良苗，得养乃滋长；
苗以泉水灌，心以礼义养。
一日不读书，胸臆无佳想；
一月不读书，耳目失清爽。

情愿天天读书，佳句常得，酣畅淋漓抒胸臆；唯愿月月读书，耳聪目明，论事惊人胆满躯。这个世界因读书而美好无比，晴时满树花开，雨时一湖涟漪，阳光洒满城市，微风穿越指间。

……………………………………………………………………………

李畅：化学研课主任。获得衡水中学优秀教师、优秀研课主任、最受学生欢迎教师、杰出女教师等荣誉称号。荣获衡水中学“三三三”教学法暨优质课比赛一等奖。

追美书中

化学老师：陈勇

都说小孩是落到人间的折翼天使，而当我呱呱坠地的时候估计是脸先着地了，所以我生来美得不是那么明显，又因为我姓陈，又很难瘦下来，我爸说这孩子长成这样以后能活下去也基本靠勇气了，所以给我起了个“勇”字。我从小就特别爱看书，原因就是听信了“人丑就该多读书”这说法。书中自有颜如玉，书中自有黄金屋，书可以丰富知识，可以陶冶情操，可以使人领悟到人生中最美的真谛，而我就在追美的路上领会了对读书的感悟。

感悟一：寻因篇

我几乎读遍了所有关于介绍长相丑的书，可是越读发现自己越丑，之前感觉自己的五官也就是个紧急集合，读完之后，发现完全是自由组合。我越看越没信心，直到有一天偶然间看到了《每个胖子都是潜力股》这篇文章，清晰地将一个人胖的时候和瘦的时候的相貌进行了对比，长相简直是天壤之别。所以从那时起我认为我丑的根源来自胖。正如大家所见，岁月是把杀猪刀，赐我一身五花膘，我刚生下来就8斤6两。用大夫的话说，我的肥胖是赢在起跑线上的。而且这么多年这身膘对我一直忠心耿耿、不离不弃。所以我不得不痛下狠心，为了追求美，甩掉这身膘。我读了很多关于减肥的书籍，像《记录式减肥》《非常瘦身》《我的最后一本瘦身书》，等等。最后我终于发现，只读减肥书不能减肥，反而坐在那里不运动越来越肥。虽然这个过程中体重未减，但我感觉智商上线了。我得到了一个很重要的感悟，就是一味地死读书、读死书是得不到结果的，只有把书里的内容落实到实际行动上或学习生活中，才能得到你想要的结果。

感悟二：执行篇

我开始按照书上的内容有目的有计划地去执行。几乎所有的减肥书都要求做到两点——控制饮食和多做运动，所以我从这两方面去努力。饮食上要做到少食多餐，开始的时候我真的做不到少食，但我会努力做到多餐。而运动上，书上推荐了很多运动，我最喜欢的就是器械类，什么刀枪剑戟、斧钺钩叉……我样样都买了一把。事实证明真的很有效，因为钱都花在买器械上了，所以没钱吃饭了，我很快从118公斤瘦到74公斤。减肥成功给了我一个深刻的感悟：读书没有自我的理解和思考，得到的只会是一些皮毛；认真地理解思考后，即使执行方式不同，最终也会殊途同归。

感悟三：结果篇

当我拿着镜子，静静地欣赏瘦下来的自己，果断地选择再胖回来——之前我还可以说我丑是因为胖，可瘦了还丑，就什么借口也没有了。相反，一白遮百丑，一胖毁所有。当你胖的时候，多数人只会关注你的胖就不太在意你的丑了。这个结果给我的感悟是开卷并不一定有益，适合别人的书未必适合自己，而看了不适合自己的书可能会让你的境地更加窘困。

感悟四：反思篇

经历了这次失败的追美历程，我不禁反思，我的输赢在哪里：看的书在那里，没少读；练的器械在那里，没少买；目标体重达到了，没少瘦。那为什么没有得到想要的结果呢？最初我百思不得其解，后来我在《美学概论》中找到了答案，原因是一开始我就错了：追求美不应该先研究什么丑，更不应该以丑的标准去衡量自己，否则最后衡量的结果也只能是丑。

说到底我对美的追求如此执着，一个重要的原因就是追求美的人。我不再拘泥自己的弱点，而努力地去寻找自身的亮点。同样是胖，很快我就找到了《找个胖老公的好处》这篇文章，并把这篇文章分享给了一直追了很久都没有结果的女神，奇迹就从那一刻开始出现了：女神开始回我微信，陪我一起吃饭、看电影、聊天。随着了解的不断深入，我终于抱得美人归。

都说人生这部书要用心品读、用心领悟，每个人都在用不同的方法追求美好、解读人生，书写属于自己的那本书。美在内心更要美在行为，所以我决定努力去做一件轰轰烈烈能一鸣惊人的事情——制作炸药，这个绝对够一鸣惊人的。没有基础的我反复钻研书本《生物化学》《有机化学》《分子生物学》等，经过数百次的实验，最后随着凌晨2点从一片空地爆发出来的一声巨响，我终于做到一鸣惊人了——周围熟睡的人都从睡梦中被惊醒了。那时我很开心，那种开心是发自内心的，开心我还活着，没被炸死，也没被打死。这次一鸣惊人的经历和之前对书本的研究，让我在本科的时候顺利地拿到了两个学位并成功地考上了硕士研究生，更让我深深地爱上了科研。我把之前炸药的配方改了改，把原料改为被人厌恶和遗弃的地沟油，去掉了一些助燃剂和催化剂，让其能温和地燃烧，因此我不但拿到了硕士学位还申请了专利。所以，读书给我的又一个感悟就是书是迈向梦想的阶梯。

这就是我对美的追求、对书的感悟。人生是一本书，有的写得精彩，有的写得平庸；有的写得厚道，有的写得轻薄；有的写得恢宏，有的写得小气；有的写得平顺，有的写得曲折；有的留下光彩，有的留下遗憾；有的留有思考，有的只剩空白！人生这部书，要用心品读、用心领悟。每个人都在用不同的方法追求美好、解读人生，书写属于自己的那本书。

……………………………………………………………………

陈勇：获得衡水中学优秀教师、模范班主任、专业成长教师、青年教师希望之星、十大读书人物等荣誉称号。荣获衡水中学青年教师基本功大赛一等奖。

读书让我们遇见精彩生活

生物老师：周围

读书是人生难以忘怀的体验和过程，翻开一本书便打开了一个世界，这世界中有一条绵延不绝的历史长河，我便是这长河中的摆渡人。下面我将驾一叶扁舟，载你溯源而上，去书籍的彼岸、历史的源头。

一、阅读中遇见最好的时代

《温柔的夜》里，在当年明月的光辉下，我走进了《岛上书店》想知道《历史是个什么玩意儿》，听人说起《明朝那些事儿》，《历史的天空》中《明朝十七帝》粉墨登场，凭借着五千年的《中国智慧》走上一条《漫漫自由路》。万历年间，一代名臣《张居正》迎来了属于自己的《黄金时代》。位高权重的他以为可以从此《笑傲江湖》，但《万水千山走遍》后，才猛然发觉这是一条《流血的仕途》。在《嗜血的皇冠》下，他终于看清了《大明王朝的七张面孔》，感受到了《1644：帝国的疼痛》，无奈英年早逝，人亡政息。《万历十五年》，《中国大历史》的车轮从此改变。1644年的《晚明大变局》中，大明王朝迎来了《帝国的终结》。你方唱罢我登场，《明亡清兴六十年》后，《康熙大帝》凭着文韬武略，在《大清相国》的辅佐下开辟康乾盛世，将封建社会推向顶峰。但这盛世是个《饥饿的盛世》，《天朝的崩溃》早已在《叫魂》危机里埋下了伏笔。广西落魄书生洪秀全以《人民的名义》企图建立一个无处不均匀、无人不饱暖的《太平天国》，但是《天才在左，疯子在右》，熟读《史记》还懂《精神分析引论》的《曾国藩》和《李鸿章》携手《战天京》，扫平天国，匡扶社稷。他们要凭自己的惊世之才将大清王朝推上《群山之巅》，但《战争就是这么回事儿》，《同治中兴》的梦想被《甲午风云》扫荡殆尽，在《旧制度与大革命》的抉择下，大清王朝走进了《生死场》。《目送》过明清两朝的风云激荡后，我渐渐地懂得，历代百姓的终极目标只是《活着》。

福贵的一生充满悲情，目睹至亲至爱一个个离他而去，终于明白，人无非为了活着而活着，这是一种历经沧桑后的顿悟，也是一种饱尝人间冷暖后的无奈。我们每个人都离不开自己所处的时代，时代的悲剧就是个人的悲剧。冯骥才说，只有底层小老百姓的真实才是生活本质的真实。我看到朱元璋治下政治清明，但到处充斥着小人物因言获罪的恐慌；康、雍、乾三朝虽称盛世，却难掩四海无闲田、农夫犹饿死的悲凉。我庆幸没有赶上饥荒，成为遍地饿殍中的一员；没有逢上战乱，血洒血肉横飞的疆场；没有遇上“文革”，被指鹿为马的年代毁掉前程。我生逢盛世，中国已经成为世界第二大经济体，十九大规划的远大前景都将在我们这一代人的奋斗下逐步成为现实，我们是五千年的历史中最为庆幸的一代百姓。每每翻开史书，都让我对所处的时代充满无限的热爱。

二、阅读中遇见精彩的课堂

在生物课堂上融进历史知识一直是我乐于做的。讲激素调节时，关于性激素的功能，我设置了这样一个问题。“《封神演义》里西伯侯大骂苏妲己是‘牝鸡司晨’！《三国演义》中‘光和元年，雌鸡化雄……种种不详，非止一端’。古人把女人干政叫‘牝鸡司晨’，‘雌鸡化雄’预兆着改朝换代，这样的说法有没有科学道理？我们可以通过实验来验证。我们取来两只鸡，一只公鸡，一只母鸡。公鸡有大红鸡冠，有漂亮的尾羽，如同男士的胡须、喉结，这些被我们称作第二性征。接下来我们割除公鸡的性腺，会发生什么呢？公鸡会逐渐失去大鸡冠和漂亮的尾羽。我们再把公鸡的性腺移植到阉割过的母鸡体内，母鸡会逐渐出现公鸡的尾羽和大鸡冠。这个实验证明了第二性征的维持靠的是性激素的作用。那么，在自然环境下这一现象会不会发生呢？答案是一定的。鸡的体内有两套生殖系统，公鸡的两套都是雄的，母鸡却有一雄一雌。正常的母鸡只有雌性的生殖系统发育，雄性的不发育，但雌性的一旦病变，雄性的就发育了，也就分泌了雄性激素，这样雌鸡就化成了雄鸡，牝鸡就可以司晨了，这就是简单的性反转现象，跟改朝换代没有关系。这样我们就可以解答另外一个悬案——下蛋的公鸡真的是公鸡吗？答案是否！尽管公鸡也能性反转，但不具有下蛋的能力，所以下蛋公鸡是由母鸡反转而来的，但本质还是母鸡，因此小品的台词应该改为：‘下蛋公鸡，母鸡中的战斗机！’”

用科学知识解释历史故事，让课堂变得妙趣横生，因此学生给我的评价是“语文和历史最好的生物老师”。其实讲生物本身也是在讲历史，只是时间跨度更长，涉及的物种更多。课堂抓人眼球，好成绩水到渠成。高三历次排名充分说明了一点——跨界教学让课堂更精彩，让成绩更卓越。

三、阅读中遇见有趣的生命

“你是谁？”“世界从何而来？”苏菲每天都被这样的问题困扰。本来我以为这些事只发生在《苏菲的世界》里，但是2015年我就遇到了这样一个学生。他身高将近一米九，是我们班尽职尽责的体委。

一个阴风习习的晚上，他用喊跑操口号的音量问我：“老师，人为什么活着？”人为什么活着？十七八岁的年纪就思考这样的终极命题，看来不简单。想起他曾经跟我讲“名利有何用处，百年后都将化为尘土”，估计他是想成佛，于是我对他说：“《故道白云》里讲释迦牟尼在菩提树下静坐七天七夜，最后大彻大悟，终成佛陀。你回去躺在床上时想你为什么活着。”第二天早操，他急匆匆地告诉我：“老师，我想到夜里2点，还是想不通为什么活着。”我说：“看来你成不了佛陀，或许能当圣人。古人讲格物致知，王阳明曾在茅草屋前格竹子，你就回去格一格数学、物理和化学。”果然有效果。一段时间后，他说：“我感到数学题的内在关联很是奇妙，物理知识可以上升到哲学的范畴，化学更是化腐朽为神奇，但我格不出活着的真谛。”我又说：“或许圣人离你太远，你和半个圣人比较接近。历史上的半个圣人曾国藩经过修身、齐家之后治国、平天下。当你不知道为什么时，先努力学习，达到修身的境界，去更好的平台才能更好地探索。”经过逐步的引导，他决定埋首苦读。分班时，他送了我一本毛姆的《月亮与六便士》并对我说：“老师，我成不了佛陀、圣人，半个圣人也达不到，但我希望像这本书中的主角一样成为一个追梦者。”就这样，我把他从一尊佛拉下来成了一个踏踏实实的人。可谁又能说，经过修身、齐家之后，他不能治国、平天下呢？

2017年，他毕业了，考上了北京邮电大学。暑假，酷爱国学的他登上了山东卫视《国学小名士》节目的舞台。节目中这个叫郭艺凯的同学才华横溢的表现不仅为母校争了光，更使我畅想，或许未来的某一天，他会放下手中的六便士，奔向心中的月亮。我庆幸我读了一些书，在学生产生困惑时给了他们好的引导，读过的书成了一个个智慧的锦囊。

古之学者必有师。师者，所以传道授业解惑也。虽然此刻我仍旧见识浅薄，但既为人师就要不断提升自我，书读得多了，格调总会有一些，也能更好地和不同的心灵沟通。读书确实是最好的进修方式。

愿大家携手阅读，当你盯着电脑时，《额尔古纳河右岸》的鄂温克人已经建好了希楞柱；当你愁眉发呆时，《呼兰河传》里的火烧云已经映红了夜晚的天空；当你刷屏消磨时间时，《巨流河》里的《蛙》已经开始了鸣唱；当你与他人争吵时，《白鹿原》上的《红高粱》已散发出醉人的幽香。

这个世界，总有一些娱乐节目里无法《看见》的《湖光山色》，总有一些躺在床上无法体会的《血色浪漫》，总有一些身处《围城》里永远遇不见的《兄弟》……愿我们在《平凡的世界》里，在青春的《芳华》中迎来属于我们的《黄金时代》。

谨以此文献给骨子里跳跃着的文艺音符、珍藏着那些玩着文字心比天高的日子……

……………………………………………………………………

周围：高一年级4部教学主任。从教6年。荣获衡水中学高考明星教师、高考明星班主任、十佳德育创新标兵、青年教师希望之星等荣誉称号。

读书，为了遇见最好的自己

奥赛教练：周健

作家鲍尔吉·原野说写作让人活两辈子，我说读书让人活N辈子。打开一本书，遇见一群人，这群人中，有你，有他，更有自己，我想，这是对读书最好的阐释。

不知大家喜欢读什么书，我个人喜欢国学，喜欢传统文化，尤其喜欢南怀瑾先生讲的《论语》和陈大惠老师讲的圣贤教育。在这个繁杂的社会中，国学经典让人心情平静、明理开智，也让我的教育熠熠生辉！

学生经常会错题重错，体现在各个学科上。一次班会课上，针对这个问题我给同学们讲了《论语》里面的一个故事："同学们知道孔子有三千弟子，那你们知道孔子最欣赏谁吗？"同学们回答："颜回。"我接着问："那你们知道他是如何评价颜回的吗？只有3个字'不贰过'。什么是'不贰过'？"同学们说："同样的错误不犯第二次。"我又进一步解释："孔子眼中的不贰过是自己犯的错误不犯第二次，看到别人的错误也不犯第二次，听见别人的错误也不犯第二次，这是多高的境界，值得我们每个人去学习。"从此以后，"不贰过"就成了我们班的一个流行词语，对犯错的同学我们会善意地称他为"贰先生"。每次提醒都是一种潜移默化的教育。

孔子曰："道不远人。"道在哪儿？道在心中。教育亦有道，作为教师要不断追求教育之道，让教育润物细无声，让教育充满智慧。

2011年我来到衡中，成了一名生物教师，越来越发现自己大学所学的知识远远不能满足课堂的需求，彻底改变我的竟然是一堂语文课，让我更加热爱读书。

一次，我在网上观摩复旦大学附属中学特级教师黄玉峰的课堂，当时讲的是苏轼的《赤壁赋》。他几乎把课堂整个交出去了，让学生们自由谈论苏轼的为文、为人。谈到文章的哲学思想，孩子们抬出了老子的《道德经》、黑格尔的《精神现象学》，甚至有人抬出了《六祖坛经》，所有辩论最终都要到黄老师那里去寻求答案。黄老师从容淡定地跟孩子们畅谈自己读上述书籍的心得，精辟地概括作者的观点，又巧妙地校正孩子们的观点。精彩的讲解连现场的听课教师都情不自禁地鼓起掌来。

我又一次被深深地震撼了：这样的课堂，谁不爱听？这样的课堂，哪个学生不受益？于是我也开始大量阅读，有专业书籍也有人文书籍，并努力把收获融入自己的生物课堂。在讲到遗传的时候我给同学们讲了一个月亮儿女的故事。在浩瀚无际的大西洋里，有一个几乎与世隔绝的小岛——林索伊斯岛。岛上只有300多户居民，他们大多皮肤雪白，头发白色或淡黄色，眼睛虹膜粉红色。他们都很怕见阳光，视力也较差，只有在月光下的夜晚才自由自在。因此，人们给他们起了一个好听的名字——“月亮儿女”。“月亮儿女”之谜直到20世纪70年代才搞清楚，原来岛上居民几乎都是白化病患者。为什么白化病患者的皮肤是雪白的？为什么白化病患者都害怕阳光？患白化病的原因是什么？学生产生了强烈的好奇心，后面的教学也就水到渠成了。

我一直认为理科的课堂上也不只是科学知识，还应该有一些触动学生心灵的东西，正如李镇西在《心灵写诗》中所说：“教育离开对心灵的触动，就不可能有成效！”要让自己的课堂成为有根的课堂，最好的方法就是通过读书让自己成为“有根”的教师。

读书对我而言是人生一大乐事，既能开阔视野又能丰富教学。杜威说读书是一种探险，弗兰西也说过读书是灵魂的壮游，随时可以发现名山巨川、古迹名胜、深林幽谷、奇花异卉。

我喜欢阅读，读过许多书，有几本书对我的人生产生了重大影响，其中一本是路遥先生写的《平凡的世界》。书里面孙少平那种积极向上、与命运抗争的精神深深地影响了我，给予我的是一种来自灵魂的震撼。我一度问自己：“周健，如果你一无所有，你能活下去吗？”大三那年，我把所有的钱都锁了起来，我想用自己的双手让自己活下去。整整3个月，我艰难地做到了。一天深夜，我拿着做家教赚到的60元钱走在大街上，看着这繁华的城市流泪了，有辛酸，有苦涩，但更多的是一种感动，那是我第一次体会到生命存在的价值，让我认识到我是一个独立的人，一个靠自己的双手生活的人，那是一种发自内心的灵魂觉醒。

作为教师，我也在不断探寻有灵魂的教育，德国教育家第斯多惠的《教育的理想与可能性》让我明白做有灵魂的教育就要激励和唤醒。

读书让我完成了自我觉醒，如今作为教师，我也希望唤醒更多的灵魂、塑造更多的灵魂，在追求“有灵魂的教育”的道路上不断前行。

诺贝尔文学奖获得者约瑟夫·布罗茨基说过，鄙视书，不读书，是深重的罪过。由于这一罪过，一个人将终生受到惩罚。如果这一罪过是由整个民族犯下的话，这一民族就要因此受到自己历史的惩罚。由此看来，读书关乎个人成长、关乎教育、关乎家国、关乎民族。

古人说过“我非智者，而爱智者”，我也有同样的说法，“我非学者，而爱读书”。读书让我的少年梦浪漫，让我的青春梦丰腴，让我的人生梦精彩。

读书，是为学做人；读书，是为了遇见最好的自己。

……………………………………………………………………………

周健：奥赛教练员。获得衡水中学三星级班主任、明星班主任、高考明星教师、十佳德育创新标兵、首届十大读书人物，全国生物奥赛优秀指导教师等荣誉称号。荣获河北省高中生物学科优质课评比一等奖、校本选修课一等奖。

陪伴读书，遇见浪漫

奥赛教练：王海阔

周杰伦的《青花瓷》里有句歌词，“天青色等烟雨，而我在等你”，是不是很唯美？其实背后的意境更美，歌词里所描述的天青色是无法自行出现的，必须耐心地等待一场不知何时会降临的雨才能在积云散去的朗朗晴空以天青的颜色出现，就如同我也只能被动而安静地等待着不知何时才会出现的你。一连用了两个“等”字，是为了强调爱情里最无力无奈的就是“等待”，这体现了文字的魅力，也展现了读书的乐趣，但同时也是我爱人对我的吐槽。

作为一名衡中班主任，每天总是早出晚归，爱人很多时候都是在等待中入眠；作为一名奥赛教练员，假期又总是四处奔波，两人久不见面少有交流很容易出现一些矛盾。我有时也会很焦虑，不知道怎么解决问题。去年读书报告会，郗校长带着我们一起读了《幸福课》，从书中我知道了每个人的人生都有不满意的地方，就看你怎么去看待、如何去解决。我最喜欢书中一个小故事：从前有一座山，山上有一座庙，庙里住着一个老和尚和一个小和尚。有一天，两个和尚下山去化缘，走了很远的路，回到山脚下的时候天已经黑了。小和尚看着远处若隐若现的山顶，担忧地问老和尚：“师父，天这么黑，路这么远，还有悬崖峭壁、飞鸟走兽，我们只有这一盏小小的灯笼，怎么才能回到山上的庙里呢？”老和尚淡淡地说：“看脚下。”

我一下子豁然开朗，是啊，远方虽不确定，但我们的脚下可以走得很踏实。不用担心我们走不远，脚下的路延绵不绝。

书的智慧是无穷的，书的魅力也是无穷的。借着这本书，我和爱人着眼于脚下，从书中寻找答案，一起开启了属于两个人的读书生活。

她在家忙碌的闲暇，我在校工作的间隙，各自读上一本书，见面了就将书中的内容和读书心得分享给彼此。做着同一件事情，就仿佛一直在同一个地方；读着同一本书，就仿佛在一起经历着相同的事情。我们一起读《亲密关系》，学会彼此经营一份好的夫妻关系；我们一起读《浮生六记》，去感受沈复夫妻一生的经历；我们一起读《人生若只如初见》，去领略那一份份美好的感情。虽不能时刻见面，心却贴得很近。

情人节，我送了她一份小礼物——《晚安诗》。每天晚上回去以后，我便抄上一首小诗，放到桌子一角，第二天她便可以看见；如果她还没睡，那还可以顺便读给她听。日子一天天过去，买来的小诗抄完了，我开始找新的诗，试着读懂更多的诗。从《诗经》到《唐诗宋词》，从王国维的《人间词话》到叶嘉莹的《人间词话七讲》，我"被迫"读了不少诗，读懂了不少诗："桃之夭夭，灼灼其华。之子于归，宜其室家。""两情若是久长时，又岂在朝朝暮暮。""天上飘着些微云，地上吹着些微风。啊！微风吹动了我的头发，教我如何不想她？"

感谢读书，让我俩走得更近。

由于工作原因，我内心亏欠的还有孩子。女儿小的时候，由于种种原因只能留在老家，我只能抽时间回去看看。后来孩子到了衡水，也是见少离多。孩子对我总是有些疏远。送她玩具，她拿了就跑；给她吃的，她吃完就走……作为父亲，内心着实不是滋味。

有一天在学校图书馆看到一本《逃家小兔》，我觉得挺好，就借回了家，给孩子读。书中有趣的情节和一张张图画让孩子离我很近，我内心异常激动，于是开启了给孩子的讲故事之旅。只要我回家，一定要和她一块儿读读书。现在她养成了睡前听故事的习惯，虽然讲故事的人不一定是我。从绘本到故事书，从科学百科到世界历史，从《三字经》到声律启蒙，渐渐地，她也开始能独立认字、看书了。现在，她已经有了自己的小书架。

在此，跟大家推荐一本我最近读的书《认得几个字》，作者是台湾的张大春。这不是一本枯燥的说文解字类的书，是通过和孩子一次次的对话，希望孩子能从文字里掌握每个字的故事。我个人非常受用。比如，书中写到有一次他对女儿的循循善诱，我便直接拿来用了。

我在纸上画了一个带顶的鸟巢，顺序是先画一横，底下画一个宽度相当而略扁的椭圆圈儿，圈中再竖起两根支柱，顶着上头那一横画，正好是个“西”字。

“爸爸，这是什么？”

“这一横杠是树枝，底下悬着的是鸟巢。有顶，有支架，有墙壁——通通都有，你看像不像一个鸟的房子？”

“我知道，我知道，咱们家外面的树上就有，姥姥说那是喜鹊的房子。”

“对。这是‘东西’的‘西’字，本来就是鸟巢。小鸟晚上要回窝睡觉，叫作‘栖息’。‘栖息’原先也写成‘西’，就是这个像鸟巢一样的字。可这个字后来被表示方向的‘西’字借走了，只好加一个‘木’字旁，用来表示小鸟回窝睡觉，还有‘回家’‘定居’这些意思。”

“为什么表示方向的字要借小鸟的家？”

“表示方向的这个字也读‘西’这个音，但是没有现成的字，就借了意思本来是鸟巢的这个字。”

“爸爸，那你会把咱们家借出去吗？”

“不会的。”

“好的，那我去看《米小圈上学记》了。”

简单的语言，趣味的知识。感谢读书，让我和孩子一起学习、一起成长。

作为一名生物奥赛教练员，读专业书自然也是必不可少的。高中老师讲大学知识，这真的是一个极大的挑战，可也带来了巨大的成就感。

记得有一次，一个学生跑来跟我说：“老师，我发现咱们校园里有蜂鸟！”我顿时一惊，这不科学啊，蜂鸟一般分布在拉丁美洲一带，怎么会跑到我们校园里来？我让他大概说了一下见到的蜂鸟的样子，恍然大悟，拿出手机，搜出几张图片，问他：“你看到的是不是这个呢？”他连声说是。我告诉他：“这叫蜂鸟鹰蛾，在我国的东北、华北、华中、华东等区域都有分布。你看，它们有一个很明显的差异，蛾是昆虫，头上有触角。”学生说：“老师，你真厉害！”学生高兴地走了，我也非常开心。

不知不觉中，我已经读了十多门学科几个版本的书。因为读书，我告诉学生们，市面上卖的玫瑰大多是同属蔷薇科的月季，品种虽不同，心意却一样。因为读书，我告诉妻子，化妆品是无法被皮肤吸收的，最好的保养是洗脸和睡眠，但仍然会在节日时作为礼物送给她。

读书让我知道什么是更好的，它不仅告诉我们知识，更能带给我们温暖。

杨绛先生说，年轻的时候以为不读书不足以了解人生，直到后来才发现，如果不了解人生是读不懂书的。读书的意义大概就是用生活所感去读书，用读书所得去生活。

而陪伴，是世界上最温暖的事情，因为它代表这个人愿意把自己最美好最宝贵的东西（时间）给你。比如，抗击疫情，在家就是做贡献。让我们对家人多一份陪伴，多读书，让生活多一份浪漫。

王海阔：奥赛中心教研室副主任。一直担任班主任并兼任生物奥赛教练员。获得衡水中学最受欢迎教师、模范班主任、高考明星班主任、四星级奥赛教练员、青年教师希望之星、十大年度人物、优秀共产党员，衡水市中小学幼儿园师德标兵等荣誉称号。荣获衡水市班主任基本功大赛一等奖、讲课比赛一等奖、说课比赛一等奖。

Chapter 2

教学相长：我这样成长，在成长中提高

教师发展是校长的第一使命，课堂是教师发展的第一阵地，课程是学校发展的第一载体。唯改革者进，唯创新者强，唯改革创新者胜。

——郗会锁在第五届教师生命成长论坛上的讲话

提升自我，迎接挑战

数学老师：张立杰

时光飞逝，不觉之间，我参加工作已经11年了。一路走来，4000多个日日夜夜悄然而逝。

忘不了，初登讲台时的紧张；忘不了，师傅们手把手的指导；忘不了，深夜11点备课区依稀亮着的灯光；忘不了，校领导对青年教师的殷切期望；忘不了，登上领奖台时的欢欣鼓舞。感谢各位同事，给了我们大力支持；感谢学校领导，给了我们无私关怀；感谢学校，为我们搭建了施展才华的舞台。

是衡中这片沃土滋润了我们的成长，是学校“三促、四带、过五关”的培养计划促成了我们今天的成绩：第一次教高三，就能带出省状元；第一次带奥赛，就能为学校争得荣誉；工作三五年，就能担当重任，就能在市、省、国家三级比赛中获奖。

给我一个机会，我会还你一个奇迹，而这些奇迹在衡中得以实现！

播种幸福的教育，收获教育的幸福，在这里，我感受到了教育的最大幸福是个人的专业成长。顾泠沅先生说名师的产生是追求卓越的结果。虽然我还称不上名师，但那是我努力的目标，为了这一目标，我会努力做到如下几点。

一、加强学习，更新观念

“要当一流的教师，就要先当一流的学生。”社会多元化发展，知识更新的加快，新课程的实施，都对我们的教学提出了新的要求。作为教师，不仅要钻研专业知识，广泛涉猎非专业知识，还要吸纳、更新教育思想，融入新课程，适应新形势，创造新成就。

二、深入研究，积极探索

研究教学课程，研究教学策略，研究试题的针对性和训练量，更要研究学生，在研究性的教育实践中，积极探索适合自己个性特征的教学风格和模式，并将个性化的研究转化为巨大的精神财富。

三、时刻反思，不断总结

反思，其实是一种创新。写一辈子教案不一定成为名师，写三年的反思有可能成为名师。反思可以帮助我们从冲动的行为中解放出来，批判地审视自己的教学过程和结果，从而使自己朝“学者型”教师方向发展。

教师专业化是教师成长的必然趋势，在成长的道路上，努力学习，积极探索，深刻反思，我们就能达到“职业有认同感、事业有成就感、人生有幸福感”的理想境界，不断提升自我，迎接新的挑战。

每一条河流都有自己不同的生命曲线，长江和黄河的曲线是绝对不一样的，但是每一条河流都有自己的梦想，那就是奔向大海。

……………………………………………………………………………………

张立杰：高三年级主任。参与研究6个省级规划课题。多次获得衡水市骨干教师，河北省师德先进个人、国学教育先进个人、岗位学雷锋标兵等荣誉称号。

以数之妙，行德之道

数学老师：孙永强

雅斯贝尔斯曾说，教育的本质意味着“一棵树摇动另一棵树，一朵云推动另一朵云，一个灵魂唤醒另一个灵魂”。对于学生的教育，不论是学术，抑或德行，我一直坚持“以数学之树，荫出集体之美，唤响道德之魂”。

开学伊始，接手高一，我面对的是一群来自不同区域的学生。他们生活习惯各异、性格各不相同。因此，我在第一节班会课上就给他们讲到了圆——平面中最美的图形。圆是把无数零散的点有秩序地、有规律地排列形成的封闭图形，如同一个和美的大家庭，每个成员都有着自己的位置和作用，正是一个个独立“点”的集合，构成了无尽的美：圆的规律之美，让我们有理由相信，每个人规范的行为可以造就团结与有序；圆的无缺之美，让我们有理由相信，每个人强烈的归属感可以造就统一与和谐；圆的无穷之美，让我们有理由相信，每个人统一的意志可以造就前进的不竭动力。这便是圆的精神，这就是505集体意识的滥觞。

开学一段时间，同学们难免会遇到生活或学习上的困难，我便用刚讲到的复合函数的增减性开导同学们：“也许现在我们困难重重，但只要大家团结在一起，两个单调递减、退步落后的函数也会复合成一个单调递增、昂扬向上的函数。只要大家心往一处想，劲往一处使，那么505也一定会变成一个潜力无限、勇往直前的集体。”这之后，同学们自发地结成互助小组，互帮互助，问题被一个个解决。更令我感动的是，他们在这之中形成了团队精神与合作精神。这便是复合函数的精神，这就是505集体意识的深致。

为了进一步增强学生的集体意识，值学校开展社会实践活动之际，我带领学生以宿舍为单位，去发现生活中的数学。

汇报课上有的宿舍调侃道："这是去年高考的一道题，求断臂维纳斯的身高，答案是B。为什么呢？维纳斯是外国人，所以不选A，太低；又因为她是女的，C、D又太高，所以不选C和D。"玩笑之外，实际上这里面蕴含的是数学中的黄金分割比概念——生活中穿多高的高跟鞋才最美？答案是，当躯干与身高比接近黄金分割（0.618）时显得最为匀称美观。由此，有的宿舍把刚学的函数图像以动画方式展现出来，有的宿舍在曲线变换中领略到几何之美，还有的宿舍在大自然中找到数学之美……

在活动课总结中，一位学生说道："原以为数学只是枯燥乏味的计算和晦涩难懂的公式，想不到数学与生活息息相关，美不可言。"在实践活动中，同学们既增长了数学知识，又感受到了集体的力量。这就是505的集体意识，这就是复合函数的精神！

而数学的力量，不只体现在对学生集体意识的培养上。

在同学们遭遇困难、成绩退步时，我用二次函数最低点的问题激励他们："坚持到底，越过低谷，终会取得成功。"

在同学们心浮气躁、眼高手低时，我用圆规作圆的情形告诫他们："脚踏实地，心定一点，才能收获完美。"

在同学们勤奋努力但收效甚微时，我用指数函数增减性的问题提醒他们："厚积薄发，坚持努力，定可到达远方。"

我想，新课程改革中提到的"一切为了学生发展"的核心就在于此。关注每一位同学的情绪和情感体验，关注他们的道德生活和人格养成，寓德于教。育人之本，德育为先，把立德树人作为教育的根本任务，为学生的终身发展奠定基础，以数学为桨，以德育为帆，以集体意识为方向，引学生遨游于人生的海洋，我一直在努力！

……………………………………………………………………………

孙永强：从教以来，有多名同学考入清华、北大、上交等双一流大学。获得衡水中学明星教师、优秀班主任、高考明星班主任、学生最受欢迎教师、卓越德育创新标兵等荣誉称号。

我的成长故事

数学老师：冯永庄

如果你很有天赋，勤勉会使更加完美；如果你能力一般，勤勉会补足其缺陷。入了教育之林，我在勤勉中不断成长，在感动中不断改变观念。

1996年，我担任高一（4）班的班主任并任教两个班的数学课。开始接高一，我就有了一直奔高三的目标。至今我还记得最开始上课时的情景，别的班一看我过来了，马上就咣当咣当地关门，因为我是大嗓门，只有我自己的学生喜欢我上课时的激情。我同事开玩笑说："别的老师上课是在讲课，你上课是在歇斯底里地喊课。"我认真地备每一节课，上课十分卖力气，但在连续两次的考试中学生的成绩并不理想。这是为什么呢？当时真急啊，我向组长请教，她帮我进行卷面分析时指导我说："要多关注学生。备课时不能只备教学内容，还要备学生。"这样的点拨使我受益匪浅，保持饥饿、谦虚好学的心态让我一路走来得到了快速成长的秘诀：要善于利用别人的力量来做好自己的事。1999年我如愿以偿，上了高三，学校给了我3个班的数学教学任务。为了学生的信任和自身的责任，拼了！那时累得做梦是数学，说梦话也是数学，所幸高考还不错。我记得在"师徒一帮一"考核总结会上，我以各项满分的成绩名列徒弟帮中第一名，得到了学校领导与教师的肯定与赞扬。这是我第一次得到学校的认可，从那以后我的工作积极性更加高涨，当然也练就了我现在的风风火火。领导们，告诉你们埋在我们年轻人心灵深处的声音：请多给我们肯定吧！我们会还给你们一个奇迹！

记得我任第一届高三班主任的时候，住在本市的一个叫于杰的男生做了阑尾炎手术。尽管这孩子成绩很差，可是特别懂事、特别用功。他手术两天后，我买了两支笔到家中看望他，对他说："你要坚持，永远不要放弃。

现在我送你两支笔，希望你永远不要放下你手中的笔。”高考他考上了一个建筑专业的本科。他父亲是一位建筑商，家里特别高兴孩子能考上大学。那时我才知道我送给他的两支笔他一直没舍得用，而是把那两支笔当作了激励自己勇往直前的动力源。当时年轻的我想不到这价值还不到两元的笔会起到如此大的力量，这件事让我体会到其实学生很容易被我们感动。你把学生当朋友，学生会把你当亲人；你把学生当亲人，学生会把你当恩人；你把学生当恩人，学生会把你当作神。

也许有人认为我这是在作秀，再给大家讲一个故事，听完后大家也许就会有所改变。那是9月的一个上午，学生甄雷的父亲领着一个人来到我的办公室，说：“冯老师，这是我们村的支书，他很想见您。”甄雷父亲的话刚说完，支书就紧紧握住我的手说：“冯老师，你为我村培养出了16年来的第一个名牌大学的大学生。甄雷这孩子拿到大学通知书后，村民敲锣打鼓为他祝贺了3天。今天我特意来感谢你，今后我的孩子也跟你上高中。”我问孩子多大了，支书说才小学一年级。朴实的话语给了我用金钱都买不到的一种感动，给了我心灵深处一次洗礼，让我从内心感觉到“孩子头”这项工作很了不起。魏书生说得好：“把自己平凡的工作当作宏伟的世界去研究，你就会发现无穷的乐趣。”

在事业上，让我学习反思收获最大、教育教学管理能力提升最快的就是2005年调到衡中后。在这里，人人都与时间赛跑，人人都是一个巨大的能量库，人人的付出都是常人所想不到的。听了很多老师的教学课与班会课后，我感觉到衡中老师都很了不起，他们比我更了解孩子的兴趣，更能把握新时代学生的特点，然后不拘一格地施教。我刚来这里时课件都不会做，是吴树勋老师给了我一些数学课件和班会课件，让我现在都受益匪浅。有人说我很幸运，把280班由原来的倒数变成了2007年高考优秀班级，其实我也羡慕衡中的其他幸运人。我羡慕李军燕老师工作3年就能在全国性的会议上做报告，我羡慕郗会锁校长能够多次带领团队创造一个个奇迹，我羡慕很多老师那种只琢磨事不琢磨人的良好品质，我羡慕楚颜春老师、王文霞老师与弟子们的那种亲和力，这一切一切让我羡慕得有时到了嫉妒的地步，但当我和他们学习交流后，猛然觉悟，其实学校给大家的发展平台都是平等的，创造机会并抓住机会，用简单的心换来一条不简单的路正是这些人的共同特点。说实在话，280班的成功，我是做N次梦都想不到的，始终觉得是衡中那种追求卓越的氛围给了我意想不到的收获。

2006年夏天，我从高一调入高三任280班班主任。当时我特别珍惜学校给我的机会，因为这是衡中，所以我不敢大意吃老本。为了280班，我绞尽脑汁。刚一接手这个班，班上男女生谁也瞧不起谁。男女生不和，一方出了问题，对方就起哄，对这个问题我采取了褚老师的“树榜样加激将法”，我管它叫“以毒攻毒法”。班上总有那么几个人成帮不起好作用，我就采取陈过雷老师的方法各个瓦解，我管它叫“离间计”。班级团队意识差，我就搞一些小游戏培养学生的班级感情。我觉得280班班级凝聚力出现转机的机会是在高三的运动会上，那久违的人情味使我们的心紧紧地靠拢到一起，那久违的成功激励着每个280人。高考壮行会的那天，我把刘德华的歌曲《中国人》改了词并起名叫《我们都是280人》：“十来年的风和雨呀藏了多少梦，今天的我明天的我不变是笑容，三年里酸甜苦辣像是一首歌，老师的脸父母的眼不变的是叮咛。明天去圆梦，我们去一起开拓……”当时我们一边唱着一边回放着运动会上那次成功后我们忘情的拥抱，师生相互激励着：奇迹一定会在最后的坚持中发生！相信自己一定能善始善终赢在终点！

我曾认真地分析过在衡中创造过辉煌成绩的班主任，发现他们比朱军还能“煽情”，比赵本山更能“忽悠”。他们最能忽悠、最能煽情的舞台是班会，如郗会锁老师、王文霞老师、楚颜春老师等，把学生“忽悠”得视他们的话为真理，一切都在掌握中，指向哪里学生就打向哪里，势如破竹，团队的信念与拳头般的团结让他们不成功都不行！当时对280班我也学着用班会这个教育阵地，让学生知道：做人要正气正直诚信；条条道路都可以通向成功，考大学不是唯一的出路却是人生最近的出路；不想当将军的士兵不是好士兵，学习成绩必须向最好的班级看齐，即使最后你超不过他，但你的进步也会是神速的。在这里给年轻的班主任提个醒：其实学生很容易被我们“忽悠”，利用好班会这个武器，重拳出击去创造属于自己的神话吧！

从事教育教学每一项新的工作对我来说都是一个挑战，我告诫自己：大胆去做，生命将实实在在；放手去干，事业便会充满阳光。我让自己在充实中完善自我，在宁静中积蓄生命的动力。我相信，只要有向往、有行动、有坚持、有机遇、有创新，梦想一定会变成现实！

……………………………………………………………………………………

冯永庄：正高级教师。获得衡水中学高考明星教师、高考明星班主任、学生最受欢迎教师，衡水市名师、骨干教师、师德标兵、劳模，河北省优秀教师、“三三三人才工程”第二层次人选、德育工作先进个人等荣誉称号。

教学十年
——我的成长故事

英语老师：李京华

1999年到2009年，我在衡中度过了10年的时间。10年的时间转瞬即逝，但足以让我有机会在这片孕育了无数希望的校园里去经历、去感悟、去摸索、去成长。

一、挣扎·勇气

说到成长，我们可能会想到从茧到蝶的蜕变过程，凭靠的就是挣扎，痛苦确实是成长过程中所必须经历的。

尽管人和茧不一样，但我还是认为，挣扎对于人的成长是有好处的。

1999年6月，我以英语专业八级、年级第五名的成绩结束了大学生活，然而，这并没有给我此后的工作奠定一个高的起点。初上大学时，同学们个个成绩优秀、口语流利、个性张扬，这让性格内向的我多少有些自惭形秽，所以常常在很多场合沉默，口语表达少有锻炼，我也因此变得更不自信。

最初在课堂上遭遇的种种尴尬至今令我汗颜，我站在讲台上就找不到感觉，那时候最怕的就是有老师听我的课，可总是怕什么来什么。记得最清楚的是，有一次去上课，推开教室的门，猛地发现后排坐着一位白头发的长者，那不是张锁占老师吗？外语组的权威！顿时我紧张得大脑一片空白，最后几乎没完成教学任务。伴着猛然响起的下课铃声，我匆匆跑回办公室，瘫坐在座位上，那种感受难以形容——懊恼，羞愧，无助。可是我就这样下去吗？

很多人的骨子里都有一种倔强，它让你在绝望的时候不放弃。

我重新拿出了上大学时的收音机、复读机，每天听英文广播，跟着磁带模仿读音。每天中午嘴巴练得酸疼的时候，到空荡荡的校园里走上一圈，心里却是满满的、踏实的。后来，也就是这样的一天中午，我结识了衡中最开始请到的两位外教，又顺理成章地和后来的外教们建立了密切的联系。渐渐地，我摆脱了最初对说英语的恐惧，感受到了其中的乐趣。当我在课堂上越来越多地用英语不假思索地表达出想表达的东西时，我知道，我的自信回来了。

所以，有时候我也在想，衡中其实算得上我的另一所大学，它让我找回了丢失已久的自信，而真正的自信从来不是不请自来，它是通过个人努力而获得的内心力量的不断成长。这种自信一直是我后来课堂教学的重要支撑。

二、愿景·尝试

对于课堂，我也曾勾勒过理想的愿景：师生对话，其乐融融；生生合作，活泼生动。但现实却令人乐观不起来：学生过分依赖被动接受的学习方式；大班教学活动受限；考试成绩带来压力。

这些现实的状况使我没敢做任何尝试就放弃了所有追求理想的念头，然后毫不犹豫地回到了现实的工作中。我讲得越来越熟练，学生越来越沉默。就这样，如同打转的陀螺，转得筋疲力尽，却依然在原地转着最初的那个圆圈。这样的生活你不厌倦吗?

往往是习惯了的事情越做越觉得容易就越不愿去改变，而不熟悉的事情越想越觉得难就越不愿去尝试。

习惯了不停地说，还能停下来做点儿别的吗?

一次偶然的机会，我被学校派到邯郸一中交流学习，有幸听了叶老师的课。时间过去这么久，当时课堂上大部分的细节都已淡忘，但课上学生此起彼伏站起来的身影，叶老师偶尔赞赏或优雅的一笑，至今仍在我眼前晃动。

一周后，回到学校，生活似乎又回到了原来的状态，但是当我再次登上讲台，心中忽然涌出了一种异样的感觉。当我的眼神和学生碰撞的那一刹那，学生的表情、眼神在我眼前分外明朗。这些似乎是以前看不到的，或者是因为匆忙而从来来不及看、来不及感觉的。再次走进曾经的教室，我开始走下讲台，走进学生中间，尝试掠过教室里的每一双眼睛、每一张脸。当我把学生真正装进了心里，想着应该怎样才能让学生享受到应该享受的思考和表达的权利，就不再是课堂上的霸权主义者。

2007年10月，我有幸受学校推荐参加了河北省英语优质课比赛。课堂上，我通过一系列开放性的话题使学生融入课堂，将师生对话、生生对话贯穿整个课堂。这节课拿到了大赛的一等奖，受到了现场专家和老师的好评。在回来的路上，我就在想，既然大家都认同这样的课堂，为什么现实的教学中却少有它的一席之地，是不是因为有太多的顾虑：担心马上要进行的调研考试的成绩？顾虑学生自己弄不清楚，到头来浪费时间？甚至有些心浮气躁，来不及让学生说下去？

现实既然如此，那公开课的意义又在哪里？我想就我们组的一节公开课谈谈我的看法。

三、专业·看法

忘不了外语组协同教科处组织的一级教师创新课活动的一节课。这次活动，我们改掉以往面面俱到、泛泛而谈的做法，把备课、说课、磨课、上课、听课、评课、理论学习、反思都统一聚焦到一个问题上，即什么样的小组合作学习才是有效的。将要研究的问题放大到一节课上，这样促使老师们都往一个方向思考，沿着这个方向往深层次思考。这节课后，我和上课老师郭义收到了老师们就合作学习提出的意见和建议，有赞同，有质疑，也有困惑。同时，教师发展中心为这节课做了上课学生的全员问卷调查，我把所有数据进行了梳理、分析，选取了其中一个引发质疑比较大的点。针对这一点，我准备在自己的班再上一次。我仍采用小组合作学习的方式，但在一些细节上做了调整，特别关注了在这样的课堂上到底应该怎样关注学生语言素质的提升。上完课后，我再次做了全班的问卷调查，并对比了两次调查结果。

今天，再次谈起这节课，我觉得它最大的意义就在于公开。正因为公开了，它对课堂新的探索才有机会得到大家的关注和评说，关注和评说本身就是公开课引发的教师对教学的思考，而思考本身就是有价值的。大家可能有不同的看法，但通过争论往往能够达成一定的共识，达成的共识就是运动学生以及如何有效运动学生。这个过程就是我们在新课程改革中最需要的同伴互助。

这节课后，从表面上看，我们跟以往并没有什么不同，但真正走进我们的课堂，会发现正悄然发生着一些变化。比如，合舜老师的习题课，立强对阅读课的尝试，刚参加工作不足一年的老师对课堂有了自己的想法。所以说，公开课提供的并不是一种全新的模式，而是在传达一种有价值的想法，通过这种想法去影响老师们改进自己的课堂教学。事实上，当我们在公开课和常规课之间找到某种联系时，就很容易发现公开课的意义所在，它的意义就在于引领平时的课堂发生一些改变。

我更愿意将课堂改革称作课堂改变，或者改进。它不是大刀阔斧地革掉从前，但一定是传承精华的同时发生改变，这种变化的产生有时只在一念之间。

记得上海建平中学的校长程红兵说过，教师的培训是教师思想力、判断力的培训。我想，我们的教师已经具备了越来越强的判断力，当我们有足够的判断力可以去判断我们所做的课堂改革是否有效、有意义的时候，我们是不是就可以抛却之前的一些顾虑呢？这些思考就权当我的成长感悟吧。

四、回首·期待

回首来时的路，陡然发现转瞬即逝的10年十分漫长，这10年是一步一步走过来的。成长不是一夜成名，而是一个需要耐心积蓄内心力量的过程。成长需要一次次亲身实践的经历，走得太急，急于求成，难免会错过很多难得的风景。在成长的过程中会经历迷茫、困惑，甚至痛苦、挣扎，而成长也恰恰是来自经历过这所有一切之后的充实、从容和淡定。

10年前，我也曾在全体老师面前做过发言，那时紧张得不敢抬头看台下一眼，而今岁月已经将我打磨得有些从容、老练。

生活仍在继续，我期待一个美好未来。

李京华：高级教师，外语中心教研室主任。获得衡水中学首届十大杰出女教师，衡水市高中学科骨干教师、巾帼建功明星，全省三八红旗手、中小学外语教师教学能手，河北省“三三三人才工程”第三层次人选，首届全国中小学外语教师名师等荣誉称号。多次获衡水市组织系统嘉奖。

享受教育的快乐与幸福

英语老师：马静丽

分享一：团队让我实现进步与成长

2003年毕业至今，我已经在衡中工作了13个年头，在衡中这个大熔炉中，原本就乐观积极的我又渐渐融入了追求卓越的品格，在团队中绽放生命，最大限度地追求着进步和成长。

2008年6月的聘任大会上，我被宣布为高三理科普通系列的英语组长。虽然已经有了一年的高三教学经历，但还谈不上教学经验，更没有备课组管理经验，而那时我女儿只有4个月大。从高一直上高三，我的压力很大，所幸团结和谐的英语组团队做了我坚强的后盾：新稳老师手把手地教我怎么组编习题才最科学，怎么让每套近15000个字母、字符的试题不出一处错误；京华老师耐心细致地教我怎么对每份英语资料进行三次编写，怎么审核、存档。正是受益于老教师的影响，我每天也会邀请青年老师去我的班里听课，一来因为有人听课，我会努力把课备到滴水不漏，努力把教学环节设计得更精妙，实现课堂的高效；二来如果我的课可以让青年老师有一点点思考和进步的话，那么也是对促使我进步和成长的英语组团队的最大回报。让我感到欣慰的是，本月7日到9日，我参加了教科处组织的生涯咨询师国家认证的基础培训，在完成一系列复杂量表之后，我测出自己职业价值观排名前三位的是成就感、人际关系和利他主义。可能就是这种团队薪火相传的精神，才让我希望自己的存在可以让身边的人变得更加美好吧！

2015年我开始参与年级部管理的工作，一下子觉得肩上的责任又重了许多，从最开始的不能适应角色到后来组织召开各项教学工作会议，在忙碌中我收获了快节奏的工作带给自己的更多成就感。班级工作高标准、严要求，努力实现系列最优；学科工作井然有序，努力实现教学高效；年级教学工作质量至上，努力实现更多老师的卓越成长。在年级部这个团队中，我也收获了自己的更大成长。

分享二：学生让我体验充实与价值

如果说单纯的教学是我早已习惯了的工作旋律的话，那么，2015年6月开始的班主任工作让我体验到了更多的激情与温暖。早上5点10分我就从家出发，一路狂奔，以100迈的车速行驶在红旗大街到衡水湖的公路上，只为听到宿舍楼《怒放的生命》那让人振奋的音乐，只为看到从学生宿舍跑出的第一个身影，只为让第一个跑到班级位置的学生看到自己，让学生在老师的陪伴下成长。

南校区的孩子大多家在外地，对家，他们更多的是思念。高二下学期期中考试前，看着市里卖的又大又红的草莓，想起学校里专注备考的同学们——无论考试结果如何，我一定要奖励一下他们认真学习的态度。我打定主意，考后第一时间，开车到水果批发处挑了两箱最大最漂亮的草莓。下课后，学生们看到新鲜的草莓开心极了，有学生说："上课时我就闻到草莓味了，还以为是想吃草莓想疯了，出现幻觉了呢！"看着他们一张张笑脸，我内心充满了幸福感，所有的付出都值了！

2015年9月，在长沙开往石家庄的火车上，我接到了家境贫寒的张嘉硕妈妈的电话——嘉硕的爸爸去世了。回到学校，在与班级同学分享从湖南带回的香辣鱼时，我把嘉硕家的变故告诉了同学们，嘱咐他们等嘉硕返校后，一定要给她更多的温暖。返校后的嘉硕一定是感受到了整个班级对她的关爱，慢慢地从阴霾中走了出来，并在调研考试中取得了班级第一的好成绩。优秀的成绩给了她更多自信和自尊。成人礼筹备期间，我建议她参加礼仪团队，她开心地答应了。成人礼上，看着礼仪团队里阳光自信的张嘉硕，我的内心再次升起了为人师的价值感和自豪感。

分享三：教育让我享受快乐与幸福

除了给学生们家的温暖和可贵的自信与尊严，让学生享有发展平台、给学生成长的空间也是我的治班理念之一。遵循这一理念，我的高二598班成长顺利，全年12次考试6次系列第一，12次连续荣获双优班级称号。

高二下学期，赵宇航同学给我写了一封题为《痛定思痛·长歌当哭》

的长信。他在信中写道："在598班的这半年多时间里，我内心获得极大震撼，您的许多措施都是我闻所未闻的。例如，在教室里张贴各种目标寄语来营造浓厚的学习氛围；不止一次地召开班委会、组长会、宿舍长会，不厌其烦地单独谈话，只为驱散那一丝负能量；脱口而出的班会，每每都是一场生命的洗礼；每次考前的天天到位，只为发现个别状态不好的同学并及时提醒；大部分课余都在看观摩，根据状态排座位；不时带来心灵鸡汤，抚慰我们疲惫的心灵……您的付出，我们都看在眼里，感动在心里！"

学生对我工作观察的细致入微让我感动，我每天守望着学生，学生也在守望着我，我想尽办法让学生生活得快乐、学得有成就、过得有尊严，学生们也在用他们的语言和行动给我回馈，让我体会到作为一名普通教师的价值感与幸福感。

高二最后一周，我被学生推选为"每周之星"。

九八之星

——致我们最敬爱的老班马静丽

清晨的几米阳光，因你在操场的等待，温暖心房；
课间的汗流浃背，因你在背后的注视，化为甘露；
跑操的竭力呐喊，因你在队旁的身影，青春飞扬。
您的陪伴，是最长情的告白；
三生有幸，伴我们成长路上。
愿在期末，我们尽情绽放，流光溢彩；
愿九八群星闪耀，点亮您的所有期待。

人生路上，有这样一群可爱的学生相伴，我又何尝不是三生有幸呢！

2016年6月，我接手了高三的一个新班，一调考试过后，成绩并不理想。我想，我又要迎来一个新挑战了。我会和我的学生们一起，应对挑战，享受拼搏，化危机为压力，化压力为动力，化动力为努力，化努力为传奇。让我的成长助力学生成长，让学生的成长见证我的价值和幸福！

……………………………………………………………………

马静丽：中学高级教师。获得衡水中学高考明星教师、高考明星班主任、高考明星备课组长、2018年年度人物，衡水市巾帼建功明星、优秀党员等荣誉称号。荣获衡水市说课比赛第一名、河北省优质课比赛一等奖。获市级三等功奖励。

走在成长的路上

英语老师：戚华荣

时光飞逝，转眼之间踏上工作岗位已经快8个年头了。其中，有工作的艰辛与压力也有收获的喜悦与欣慰，有求索的痛苦也有成长的快乐。每一个足迹，每一分收获，都是和领导的关怀、同事的帮助分不开的。今天和大家分享我的成长路上必不可少的三点。

一、在实践中磨炼

教师的成长首先得立足课堂。虽然是短短的40分钟，但要做一个智慧的实践者却是一门艺术。没有日积月累的实践是无论如何也谈不上“智慧”的，更别说“艺术”了。身为年轻教师驾驭课堂尚且稚嫩的我，更需要在不断的实践中提升自己、丰富自己。为此，我对自己提出了三方面的要求。首先，夯实基础，稳扎稳打，抓好自然常态下的每堂课。其次，虚心向身边富有经验的老教师请教，充分利用我校提供的外出学习、专家报告这样的机会提高自己的业务水平，充分利用我校的外教资源提高自己的口语和听力水平。最后，要善于抓住每一次机会展示自己。一次展示，重要的不是展示的那节课而是准备的过程。记得为了上好省里的一节公开课，那段时间，除了每天的正常教学外，我把所有的精力都用在准备这节公开课上。我心里明白，这节课不是代表我自己，而是代表衡水中学整个外语组，不能给衡中人丢脸，一想到这儿我就会有无穷的动力。为了教学设计中的一个个环节，我冥思苦想，精心设计到深夜。在其他老师的热情帮助下，我的教学设计讨论修改了六次、试讲了三次。每次试讲都会在教学设计思路、处理教材内容、找准重难点、选择教法等方面有很大的启示。磨课的过程虽然很累很辛苦，压力也很大，但是熬过来了就像进入一种新的境界，在教学修养等方面有很大的提高。

二、在求索中提高

随着课改的逐步深入，教师越来越需要随时更新自己的观念，以适应新事物、新变化。为了加快成长的速度，我把反思看作和备课、上课一样重要的教学常规。对每节课都进行面面俱到的反思，时间上不太现实，我会在上完课后用几分钟的时间把本节课最精彩的地方或者是最失败的地方用一两句话总结概括下来，等工作忙完之后，回过头来看看自己记录下来的内容就能回忆起课上的情景，再进行全面具体的反思。我经常利用教学观摩系统录下自己的课，然后在课后观看分析，反复推敲录像，有时对自己的教学实际感到震惊，同时也会发现自己在课堂上发现不了的问题，让我了解自己的教学语言是否精练生动、体态语言是否协调自然等，针对暴露的问题进行改进完善，然后再录像再分析，直到自己满意为止。我充分利用教研活动、听课制度，充分借鉴其他老师的闪光点，对照自己的教学，从而不断改进自己的教学。日积月累，我由初登讲台时的离开教案就会忘词，到完全照搬照抄老教师的授课，再到上课给学生讲之前先向师傅讲一遍，最后到学会创新、创造性地使用教材形成自己的教学风格，不停地成长。

三、在激情中燃烧

教育是一项需要献身的职业，也是一个充满爱心的职业。要挑起这副重担，我们需要有为之献身的激情。刚上班没几年，我就患上了咽炎，上完课后，声音嘶哑，嗓子红肿、疼痛，严重时有几次还无法发出声音。家人劝我尽量少说话，说话时声音小一些，可我每次走上讲台就感到激情四射、力量无穷，这让我忘记了疼痛，忘记了疲惫和一切烦恼。我用激情激活日常的教育教学，让学生体验情感的碰撞、感受生命的律动。是这份激情，让我在日复一日、年复一年的课堂内外，在岁月催人的单调生活中保持青春活力；是这份激情，让我为我的事业付出一切。不管困难有多大，有了激情，犹如生活有了阳光和种子，丰收的日子就不会远。

……………………………………………………………………

戚华荣：中学高级教师。获得衡水中学优秀教师、高考明星教师、明星班主任、优秀研课主任、师德标兵等荣誉称号。在衡水市百千优质课、省优质课、全国优质课中均荣获一等奖。

我不是女神
——我的教师生命成长之路

政治老师：黎美华

2018年暑期档一部《我不是药神》无疑是票房的赢家，徐峥携全体演员用精彩的表演带给我们的欢笑、感动和震撼久久未曾消散。刚过去的这个夏天对我来说意义非凡，不仅是因为我刚送走的毕业班中有11名同学考入了清华大学、北京大学和香港大学，更是因为来自学生们各路“女神”的呼声让我的“偶像包袱”有点儿重。我深知自己还远远配不上这个光环。我不是什么女神，但我一直行走在成为女神的路上。

一、多元课堂让我成为“政治女神”

课堂是教学活动开展的主阵地，是教师和学生共同成长的生命场，可是当前的课堂教学存在太多的问题。在老师们中间流传着这样一句话：“要想成绩好，必须有三宝，做题讲题剋学生，一样不能少。”虽然这是一句玩笑话，却也折射着当前教学的现状。试想，当课堂的内容只剩下知识灌输、做题讲题，当教学的手段只剩下以罚代管、以管代教，当学生成为做题考试的机器、只会背诵不会思考的复读机，这又是何等的悲哀？“教师乐教会教、学生乐学会学、课堂高效和谐”仿佛是遥不可及的梦。若是课堂生动形象、旁征博引，既能让学生轻松掌握知识、培养能力，又能广泛扩展视野、提升素养，何愁学生不愿学、不会学、学不会呢？坦诚地说，我的课堂也存在上述问题，但我也一直在努力。

1．文学作品的巧妙引用可以大大提升政治课堂的人文魅力。

“文化的作用”理解起来很抽象，却是整个文化生活模块的核心线索。恰巧同学们在调研考试中碰到了一篇现代文阅读，是龙应台的《如果你为四郎哭泣》，其中有这样一句：“人本是散落的珠子，随地乱滚，文化就是那根柔弱又强韧的细丝，将珠子串起来成为社会。”我将其引入课堂，这不正是对文化作用最精妙、最恰当的解读吗？

2. 若是将诗词与歌声完美结合更是妙不可言，带你秒懂深奥的哲学原理。

“转朱阁，低绮户，照无眠。不应有恨，何事长向别时圆？人有悲欢离合，月有阴晴圆缺，此事古难全。但愿人长久，千里共婵娟。”借助这首歌，我带领同学们来了一次唯物论原理全回顾：结合各种意象理解物质的概念，从自然和人世的变迁中体会规律的普遍性与客观性、作者的美好愿望，更是深刻地感受意识的能动作用，用歌声将枯燥的哲学原理具象化、生动化。学生们记忆深刻、掌声不断，也记住了这堂唯美悠扬的哲学课。

多种元素、多样素材都会被我融入课堂教学，让课堂充满活力和魅力，而这样的课堂又不只是知识的传授，更是从长远的角度提升了学生的综合素养。也正因如此，学生们将我定义为一个集文艺女青年、灵魂歌者、资深段子手、知心姐姐、情感咨询师等于一体的“政治女神”！

二、广泛阅读让我成为“气质女神”

作家卢新华曾说，人生要读三本大书，一本是“有字之书”，一本是“无字之书”，一本是“心灵之书”。

1. 要读“有字之书”。

在政治教学方面，2018年有幸担任一轮研讨会主讲人，我反复研读教材、课标、考纲和考试说明，反复做近十年的高考真题，挖掘隐藏细节、探寻命题规律，阅读上百篇学术论文，参阅上百份专家报告，做了上百页备考笔记……积淀的功底没有白费，讲座时的精彩分享赢得与会嘉宾称赞。在教育思想方面，洛克的《教育漫话》、卢梭的《爱弥儿》、苏霍姆林斯基的《给教师的建议》等书籍让我们更深刻地领悟教育的真谛、如何做更好的老师。在视野拓展方面，名人传记是我的最爱：从乔布斯的一生中领略极简主义的魅力，从弘一法师的经历中看到人生的无限可能，从苏东坡的跌宕人生中体会强大的复原力……课标考纲给我们指引教学方向，专家论著教我们成为更好的老师，名人传记启迪我们为人处世的智慧。行万里路，读万卷书。读书不仅丰盈了教育生命，也给我的课堂提升高度、拓展宽度、增加厚度。

2. 要读“无字之书”。

我积极向名师大家、前辈榜样学习，仅2018年一年就有幸听到教材编写专家朱明光教授、陈永芳教授、梁侠老师的精彩报告。他们精深研究、严谨治学的执着深深地感染着我。再说身边的，就拿我们政治组来说，资深女神孙文盛老师是学科组的精神坐标，气质女神代忖老师是政治组的掌舵人，还有新生代女神杨柳老师、位维维老师，她们对教育的热爱、对教学的投入，都给我们青年教师做出了表率和榜样。

3. 要读“心灵之书”。

几年前聆听张丽钧校长的报告，她说“我们都在乐此不疲地做‘替猪吃食’的老师，竟然还沾沾自喜”。是啊，学生是学习的主体，而我们的大包大揽正是在摧毁他们自我成长的能力，我们的施舍又如何能为他们插上持久翱翔于天际的翅膀呢？“吾日三省吾身”，反思自身的问题，反思教与学的关系，反思师生间的沟通，反思对教育的理解，只有经过不断的自我反思和吸收，才能真正内化为助力生命成长的强大力量，帮我找到正确的成长方向。

“好的老师是行动着的生命教材。”平凡如我，只有不断充实自己、锻造自己，才能丰盈充实自己的教育生命，也才能更有资格作为学生的生命教材。

三、一生坚守让我成为“梦想女神”

我是一个外表粗犷、内心细腻的“文艺女青年”，我喜欢用笔亲手写下师生间的祝福与感动：

2014年，我在学生成人礼时给班里67位同学每人写了一封不少于300字的书信。

2016年，我在休产假期间给72位同学写了励志的明信片，激励他们奋战期末。

2018年高考前夕，我立志给学生们每人手写一张古风流苏书签为高考壮行，这一写就是285张。

2019年我依然延续了这一传统，让华姐的爱又给予292个孩子战胜高考的力量……

我有一个“百宝箱”，里面珍藏着学生写给我的小字条——

“我想成为如你一般的人，拥有独立的人格，有能力照顾好自己的情绪。”

“您给了我一个崭新的自己，我要像华姐一样，过卓越而有诗意的一生。”

“老师，您让我看到奋斗不是悲情苦情，奋斗是一种人生态度，奋斗是一种人生信仰。”

……

学生的祝福和感谢如雪花般飞来，我想当一个老师最为幸福的时刻莫过于此了吧。

“真正的教育是用一个灵魂去唤醒另一个灵魂。”我曾不断地叩问自己的内心：你具备唤醒的能力吗？需要唤醒的只是学生吗？一个自己都睡着的人如何去唤醒别人？作为生命的个体，教师自身也应是最大的生长者，我虽然还只是万千教师中最普通的一员，但我从来不认为自己的全部只是教书，我希望通过自己的言行来影响学生对世界的看法、为人处世的态度，为学生的梦想助力，为学生的人生添彩。我更希望在全力以赴投入教育事业的过程中，在全心全意为学生梦想助力的过程中，自身收获宝贵的经验，汲取无尽的成长能量。教学相长，师生共进，相互成全，彼此成就。

一日为师，一生坚守。坚守一份情怀，坚守一种信仰，坚守一个梦想。

我不是女神，我只是一名普通的政治教师，但我有追求、有梦想，我要怀着一颗对课堂、对教育、对生命的敬畏之心，执着地行走在成为教育女神的道路上。

……………………………………………………………………………………

黎美华：七年级A部教学主任。获得衡水中学高考明星教师、最受学生欢迎教师、专业成长优秀教师等荣誉称号。多次荣获衡水中学命题比赛一等奖、衡水市教学评比和优秀课例展示一等奖、河北省优秀教学论文一等奖。曾担任全国高考研讨会报告和同型课主讲人。

追梦三部曲

历史老师：王剑

2015年前，河北师范大学的一张录取通知书开启了我的教育梦；11年前，衡水中学的一份工作协议开启了我的名师梦。在追梦路上的点滴往事，我总结为三个篇章，故名《追梦三部曲》。

一、脱“贫”篇

原以为大学本科可以玩转高中课堂，可现实却让我忙碌不堪，成绩、班级量化亮起红灯，学生也开始质疑，我成了一个拼命干活却一无所有的穷小子，这让我彻夜难眠、懊恼沮丧。但我没有退却，因为我有梦，因为衡中给每一个有梦的人机会和指导。忘不了教研时，冬梅老师把知识点分析得那样透彻；忘不了评课时，庆余老师逐字逐句地帮我剖析；忘不了同课异构后，与军燕老师进行每一个细节的比对。在推心置腹的交流中，我厘清上课思路、收获生成的智慧，这不仅让我的课堂更具魅力，也让我的学生离他们的大学梦更进一步。2010年高考，我带的班级63人上重点线，我的科代表罗谦更是以河北省文科榜眼的成绩考入北京大学。

送完毕业班，我便投身到新一轮课程改革的浪潮中。在教职工大会上，张校长多次提到两次送高三间隔的时间是专业成长的黄金时期，站稳课堂更要走出课堂，在赛课中做到更大的提升。在这一理念的指导下，我尝试在日常教学中创新并抓住机会锻炼自己。2011年衡水市说课比赛是我第一次外出赛课，在全组老师的帮助下我精心准备的课题在说课比赛中拔得头筹。随后进行的讲课比赛可真是刺激：根据十三中的进度公布讲课题目，第二天8点30分就上课，连同吃饭睡觉只有18小时！太紧张了！我边吃边进行教学设计，裴冬梅老师召集起骨干教师成立磨课小组。我们热烈地讨论被楼管员打断：“都深夜11点了，该锁门了。”没办法我只能带着老师们的建议回家继续修改教学设计，直至凌晨1点。第二天，5点30分起床陪学生跑完操后，我又和老师们交流起上课流程，不知不觉就到了十三中。虽然我是这次比赛中最年轻的选手，但凝结着全组智慧的课堂让我获得了全市第一。我欣喜于自己的专业成长得到认可，欣喜于能成长在这样强大的团队中，我更认识到准备就是成长，准备才有提高，省市优质课比赛就是思维的盛宴、智慧的殿堂，这样的活动就是专业成长的平台！

以后的活动我更是积极地参与，无论是台前还是幕后。因为衡中是一个团队，因为我有机会接收更多的正能量。2012年省优质课、国家优质课我都不是选手，但从收集材料、确定立意、设计活动到试讲、现场比赛，每一个环节我都积极参与。我收获了方法，收获了友谊，更收获了专业成长的智慧，正是有了这些准备和收获，我才能在2012年的全国目标教学大赛中获得全国一等奖。

二、致富篇

古人云，独学而无友，则孤陋而寡闻。如果说在衡中的挚友让我脱贫，那么通过衡中结交的朋友则让我致富。

衡中推行“请进来、走出去”战略，让名校、名师为我们助梦。工作6年来，我听过纪连海、孙双武、叶小兵等20多位教育专家的报告，去过南开中学、耀华中学、临川一中等30余所全国名校。多样的课堂、多样的文化让我感受到闪光的智慧，启迪我多元的教育方式，更让我的朋友遍布全国。我们时常通过电话、邮件、QQ交流，优质课件、高考信息资源共享。有一次大学同学把我问傻了：“那些教学专家会搭理你一个刚出道的毛小子？”我支支吾吾地说：“可能是因为我的诚恳吧。”这之后，南昌二中两次不同的待遇告诉了我真正的答案。

2012年10月，全国历史教学优质课比赛在南昌二中举行。来评课的教授和观摩的老师都在学生餐厅吃饭，接待的校长仅在闭幕式上露了一下面。2013年3月，我校团队去南昌二中考察，不但二中校长做讲座，而且副校长全程陪同，还安排学科带头人交流。为什么南昌二中接待一所学校比接待全国赛事还要隆重，这不和专家为什么搭理我是同样的原因吗？因为我是衡中人！无数前辈用血和汗经营起的衡中，才让我获得尊重与交流的机会；正是站在衡中的平台上，我才能与名师对话、与智者牵手。这正是我积淀教育智慧、实现名师梦想的基础。

三、坚守篇

靠衡中的名气和智慧，我不断积淀自我、战胜挑战、收获智慧、结交朋友。朋友多了，就有了不同的观点。一位历史教学的前辈邀我共进晚餐，因为在《中学历史教学参考》上拜读过他的文章，我欣然前往。我们交流试题的命制、高考的方向、教材的处理，收获很大。趁着酒兴，他打开一瓶梦之蓝说："'蓝'是一种自由，私立学校才是教育界自由的天空。四大名著中就有公立学校教师的三种层次和下场：诸葛亮，有成就但会累死；宋江，费力不讨好；贾宝玉，养家糊口都难。在私立学校的自由空气中，唐僧才会取得真经。"我敬酒时说："您说的话很经典，我也很佩服《西游记》中的唐僧，因为他虽无超人的本领却不怕妖怪、不惧生死、经得住各种诱惑，能做到这些需要的不仅是自由，更是信仰与责任。玄奘，一路向西取得了真经；鉴真，一路向东也名垂千古；毛主席，一路向北能让中国人站起来；邓小平，一路向南也能让中国人富起来。路虽不同，但他们都是带着信仰与责任，才走出了属于自己的辉煌！"

最后，我改编一下梦之蓝的广告词与大家分享吧：梦是一种境界，梦是一种睿智，梦是一种超越；衡中有一种团结，衡中有一种开放，衡中有一种信仰；衡中承载着梦想、引领着方向，必将开拓一片天地！

……………………………………………………………………

王剑：高三年级主任。获得衡水中学高考明星教师，衡水市优秀班主任、科研标兵、青年岗位能手，河北省"三三三人才工程"第三层次人选等荣誉称号。荣获衡水市优质课一等奖、河北省优质课一等奖、全国目标教学一等奖。

最浪漫的事

历史老师：武瑞桓
数学老师：车　行

各位老师，大家好！我是武瑞桓，我是车行，我们是夫妻，我们是同学！学生时代，我们共同学习在河北师范大学；工作之后，我们继续学习、共同奋斗在衡水中学！共同的信仰、共同的爱好、共同的追求让我们拥有了共同的选择——人民教师！学育人，学知识，学成长，夫妻搭档让我们学无止境！下面，就我们二人工作5年来的成长点滴谈一些浅薄的感悟。

一、爱和责任是教师专业成长的加号

因为爱情，我们走在一起，共同承担起我们的小家。结婚后的生活很幸福，虽然婚前一直标榜自己勤劳的武老师很多功能都退化了，但哪个奋斗着的男人背后没有一个肯付出的女人！当武老师把自己的精力更多地投向班级、投向学生的时候，小车则默默地承担了家庭的责任。然而，正是在这种家庭分工的磨合中，却加深了我们对爱和责任的理解。爱是打开心灵之门的金钥匙。拥有爱，生活才会幸福爆棚，教育才会五彩纷呈！爱是教育力量的源泉，是教育成功的基础。当我们夫妻二人都是人民教师的时候，我们爱的就不仅仅是我们的家人，还加上了我们的学生！当我们夫妻二人都是人民教师的时候，我们的责任就不单单是针对我们的小家，更是学生背后的大家！责任则是一种精神、一种能力，更是一种品格！有了爱和责任意识，作为教师的我们才能处处彰显师爱的善意表达、师情的温暖珍重和师魂的不断升华！

正是基于这种认识，我们的教师生命成长亦变得更加茁壮。2015年，我们共同带高三，武老师是高三复习班504班的班主任。记得有一次查晚休的时候，504班一个男生不在宿舍，这可急坏了武老师。可当时学生们已经就寝，其他班主任也已陆续回家，怎么办，一个人在偌大的南校区找学生也不是办法。这个时候，怕黑的小车勇敢地承担起和老公一起找学生的重任。终于，20分钟后我们找到了因为压力大情绪失控的孩子。那一刻，虽不是班主任的小车却也拥有了当班主任的幸福！在教育事业这片热土上，夫妻二人的力量总会给工作做加法，我们将携手育人，用赤诚的心、坚定的信念、顽强的精神、无私的行动奉献全部的力量，书写无悔的人生！同时小车也认识到，做班主任不容易，尤其是女班主任更不容易，不仅要有能力，更要有胆量！

像这样平凡的故事还有很多，每一个故事都见证了我们对学生、对教育事业的热爱！

二、教研是教师专业成长的乘号

关于教研的重要性无须赘述，作为衡中老师我们都知道，我们有一课三研，有班级教研，有系列教研，而我们更增加了跨系列、跨领域教研。虽然我们两个人一个教数学一个教历史，但两人共同语言特别多，落脚点都在学生身上，对工作的快乐也好，面对的压力也好，彼此之间都能互相理解。

还记得刚来衡中的时候，同样作为青年教师的我们都不太懂得怎样分析成绩，除了各自从师傅那里取得的心经之外，我们必须找到各自班级的问题所在。当时作为情侣的我们就充分发挥集体的智慧，一点点探究分析成绩的方法，做数据，落实个人，分析问题，商讨措施。正是两个人的智慧帮助我们比别人更快一点儿地找到问题，比别人更快一点儿地解决问题。结婚之后，我们更是充分发挥夫妻档黄金组合的优势，在车行参加首届跨学科跨领域微课的时候，武老师想了很多点子，甚至比车行还积极，互相听评课指点问题更是不留情面。教研是我们生活的常态，三句不离学生，甚至在平时吃饭、出去游玩的时候我们都会就学生的管理、各年级学生的特色、数学与历史的相通之处进行研讨。研讨出问题，讨论出灵感，促进各自的教学。

总之，夫妻双双把书教的时候，战斗力自然是单打独斗教师的两倍！由此，我们也更加珍惜在学校的每一次教研，很多东西真的是在教研中找到灵感的。每位教师的专业成长都不是一个人的事情，我们要学会充分借助外力提升自己！

三、放大生命格局是教师专业成长的N次方

经常有亲朋好友问我们："你们两人都在衡中教学，有时间出去玩吗？""衡中老师是不是每天都是看书做题？"面对这些问题，我们往往一笑了之。是这样吗？答案是否定的。

武老师在班主任工作之余，自学了大量的心理学课程。教师要放大自己生命的格局，创造学生生命的奇迹！

我们都将对方作为一个独立精神的个体，而不是让对方沦为家庭的附庸，这样的公平成就了一个其乐融融的小家庭，更成就了一对充满使命感和责任感的好老师！

因为共同的追求我们相知相爱，因为共同的职业理想我们相伴相守。同当教师的好处，就是能一辈子共享当教师的幸福。平凡的岗位、简单的生活就是我们最真实的幸福！教育路上感谢一路有你，让我们同心同德同享桃李芬芳！

……………………………………………………………………………………

武瑞桓：中学一级教师，高三年级德育主任。获得全国中学生基础学科创新大赛"优秀辅导教师""高考优秀阅卷员""教学创新标兵"等荣誉称号。荣获衡水市教学展评一等奖、"三三三"教学法优质课比赛特等奖。指导学生获得省科技创新大赛一等奖、省时事知识竞赛一等奖。

车行：中学一级教师。获得衡水中学三星级教师、专业成长优秀教师、高考优秀教师、"燕园杯"历史写作大赛优秀指导教师等荣誉称号。荣获衡水中学青年教师十项全能奖、命题比赛一等奖、跨学科微课比赛一等奖等。

让成长成为由内而外的渴望

地理老师：张晓丽

关于鸡蛋的理论，我非常喜欢：鸡蛋，从外打破是食物，从内打破是生命。人生亦是，从外打破是压力，从内打破是成长。如果你等待着别人从外打破你，那么你注定成为别人的食物；如果你自己从内打破，那么你会发现自己的成长，相当于一种重生。

下面我就和大家分享一下我在教育追求中由内而外的“三心”。

一、进取的心

“进取”，在《现代汉语词典》里这样解释：“努力向前；立志有所作为。”其实，人生就是一个不断追求进步的过程，所以，我们需要有一颗进取的心。

还记得2007年刚刚调来衡水中学的时候，我惊讶于课堂的超大容量，一节课讲了我原来学校差不多一周的内容；惊讶于课堂的快节奏，有学生说我讲课像幼儿园的阿姨；惊讶于课堂的广联深挖，有很多内容我根本就不知道，觉得自己就像一个小学生。同样，我也惊讶于学校的现代化设施和精细化管理，等等。但是，惊讶之余，我也感觉压力巨大，我能胜任吗？一向好强的我决定拼一把，于是我制订了一系列冲刺计划。为了解决语速问题，每天晚上回家我都会给老公念一段文章，上课的时候也会一直关注授课时间。为了防止思维断档，我把每一句话都写在教案上。为了解决授课容量和深度的问题，我如饥似渴地学习。我尽可能地听所有老师的课，每节课上课之前都会把手中的资料做完，并且有一个专门的题型总结本。每一节的教案我都改了又改，以求思路的清晰和语言的锤炼。那段日子，完全没有下班和假期的概念，办公区经常只剩我一个人。经过不懈的努力，我不仅适应了，还得到了学生、家长以及学校领导的认可。

其实进取心就是一种积极的心态。正因为内心渴望进步，所以才会自我加压、成长蜕变！

二、勇敢的心

生命中，总有一段时光，除了勇敢，我们别无选择。偶然间在微信上看到延长退休年龄表，我突然发现自己还要工作20多年。这20多年好长啊，是追求安逸还是多姿多彩？这个时候我最想要做的就是勇敢地去挑战、去突破、去创新，再次去享受拼搏中的快乐！

每年学校都会外派一些老师去全国各地做经验介绍或者是研讨会的报告，我想是不是可以抓住这个机会好好地研究一下高考呢，于是我每次外出都会特意找一个点去研究。2016—2017学年度我外出做报告，这一年我虽然在高二，但对高考的感悟更加深刻了。

我与团队共成长。在团队的突破和挑战中，我也得到了很大的锻炼，地理学科文化节每一年都力求创新。2014年组织的地理知识闯关活动第一次让我深入系统地挖掘生活中的地理有什么，极大地提升了我的专业素养；2015年与衡水市气象台联系在我校建小小气象台，极大地锻炼了我的协调沟通能力，这一年我第一次当主持人！今年“地理让生活更美好”的才艺展示，更是让我有机会参与组织了晚会，并体验了一把当导演的感觉……这些都是我终生难忘的经历。

其实勇敢的心还包括勇于抓住各种机遇，勇于参与，敢于争取。对于河北省“三三三人才工程”第三层次人选、衡水市道德楷模、优秀辅导员等诸多荣誉称号的获得，其实我是很忐忑的，但是，因为我的勇敢参与，不仅获得了荣誉，还得到了一次出国研学的机会。各位老师，如果你能抓住机遇、勇于参与，也一定会收获满满！

有一颗勇敢的心，不拘泥于现在的安逸，享受拼搏进取的快感，不断获得新的起点、新的人生，永远保持年轻和优秀的状态，这就是我所追求的。

三、工匠的心

教师这份工作永远没有最好，只有更好！所以我一直怀有一颗工匠的心，精益求精地把本职工作做好，在这个过程中也得到了成长。我有一个证书，是在2014年“一师一优课、一课一名师”活动中荣获的部级证书，那是那年我们学校唯一的一节部级优课，这个证书的获得和这节课的精细打磨是分不开的。我记得当时我讲的是选修课中的“自然灾害与我们”，其实这节课是我在2010年衡水市优质课比赛中获得一等奖第一名的一节课，当时经过了全组老师的共同打磨，后来在学校的优质课比赛中正好又要讲这节，所以根据后来的具体情况，我又在原来的基础上优化了一些东西，全组老师又一次帮助我打磨，最后这节课打磨得很成熟了，所以，它的获奖也在意料之中。当然，我更庆幸的是，我抓住了这次晒课的机会，并且认真对待了！

追求工匠精神并不是局限于做一名教书匠，我还有一个教育家的梦想。所以，我积极参加学校提供的各种培训，例如，职业生涯规划、天津师大心理学研究生的在职培训，等等。另外我还主动跟学校申请参加各种教师培训，希望能抓住各种机会，去提升自己，不断成长，匠心筑梦。

来自内心成长的渴望是我们成功和成长的永久动力，它能让人有初生牛犊不怕虎的锐气，它能让人有“老骥伏枥，志在千里”的勇气，让我们不忘初心，共筑衡中梦、教育梦、中国梦！

感谢让自己不断成长的渴望！

……………………………………………………………………

张晓丽：中学高级教师。获得衡水中学先进个人、教科研标兵、十大道德楷模，河北省“三三三人才工程”第三层次人选等荣誉称号。荣获省级、部级优课。获得衡水市三等功嘉奖。

三生桃李，三世芬芳

物理老师：苏立乾

深耕教坛十五载，润泽桃李四海芳。三生万物，聚散皆缘，我们就是一群因缘而聚的桃李园丁。为了成为一流的苗圃园丁，我甘愿“捧着一颗心来”，勤于修炼，倾心参悟，仿佛历练了三生三世。

第一世：修功

刚来衡中，听老教师的课，师傅们像“天神”一样令我崇拜，讲解形象生动，课堂容量特别大，我备感压力。如何才能站稳讲台呢？必须多听课、多研究，形成自己的教学风格。于是我苦练内功，努力做到内容上滴水不漏，环节上设计精妙。为一个疑惑，我查遍手里所有教参资料，让每堂课都成为精品。讲圆周时，自制水流星来表演杂技，一下子把学生的目光吸引了过来；把自行车搬上讲台来研究大小齿轮的速度关系，让同学们觉得物理就在身边；小鸟为什么能击落庞大的飞机，有趣的问题让学生零走思。每上一堂精彩的课，一整天都会有个好心情。

吾生有涯，而知无涯。只有通过多读书，才能拥有源源不断的“活水”。为了丰富学生知识，我开设了“趣味物理”选修课，也逼着自己开阔了眼界：蝴蝶为什么能横渡大洋洲，肥皂泡为什么先上升后下降……看学生们听得津津有味，感觉好开心。2013年被确定为高考研讨会主讲人后，我开始对考纲、考题进行长达两个月的研究，一次次修改一次次否定，时常熬到夜里12点，但当得到教育同人们一致好评时又备感欣喜。这个过程像修仙历劫一样，虽然艰难，但提高了一层境界，教学更有方向，备考更高效，修炼内功成就了学生也丰厚了自己。

第二世：修业

在衡中这个教育乐园中，我渐渐融入了追求卓越的品格，在团队中绽放生命，最大限度地潜心修业。

修业，离不开我的学科团队，成为衡中人的那天我就感受到了衡中老师的热情、友爱。前辈们虽然都很忙碌，但仍耐心细致地解答我的每个疑问，每次听课后都给予我中肯的指导。他们严谨的工作态度和团结互助的精神深深感染了我，我要把这种团队的精神薪火相传下去。所以担任研课主任后，我精心准备每一节课。为了让听课的青年老师有思考和收获，我积极投入地工作。带动徒弟们追求卓越、带领团队走向卓越是我最大的心愿和目标。

修业，源于爱人解毅当了班主任后发挥了他的管理特长，3年中“双优班级”一路领先，我绝不能落后。就像舒婷《致橡树》一诗中所说，我如果爱你，绝不像攀援的凌霄花，借你的高枝炫耀自己；我必须是你近旁的一株木棉，作为树的形象和你站在一起。你有你的带班理念，像刀，像剑，也像戟；我有我的教学艺术，像诗，像花，也像雨。你评上“德育创新标兵”，我获得“教育科研标兵”；你能带出707分的刘雨轩，我也要教出一流的本一率。我们分担疑惑、难题、压力，我们共享衡中的卓越气息，我们要一起修炼，护卫学生们前行，做这样的神仙眷侣。坚贞就在这里，不仅爱彼此的外表、言语，也爱彼此坚持的事业、脚下的土地。

第三世：修心

除了修功、修业，还要修心。刚毕业时，每逢讲过的题学生还做错我就很恼火，后来觉得可能是我讲得不够透彻，哪怕学生走神了也是我讲得不够生动，于是我学会了倾听和宽容，学生挨了批评也会说“是老师太爱我了”。但我拿什么来爱我的学生呢，是课堂上的盛宴、卷子上的批语？是考后失落时的鼓励？是学生骄傲时的鞭策？这些都还不够，我要做到心里时刻装着学生：上完第十节课留下来是为了给学生多解决一个问题，中午不休息是为了早点儿把积累本看完发到学生手里。成人礼为同学们精心创作一首散文诗，课间为学生们播放一段舒缓的音乐……一生爱你千百回，当你都被自己感动了，学生能体会不到吗？

教学中离不开细心的指导和督促。平衡弱科的加强组，冲刺满分的精英组，永不放弃的后进组，带动氛围的“师徒组”；每次考后的发奖也让孩子们满是期待，物理优秀奖、进步奖、连续进步奖、历史突破奖……每个人都有机会。点燃了学习热情，好的成绩也随之而来，离中幅度一次次连续第一，孩子们吃着棒棒糖体会着苦尽甘来的喜悦，幸福洋溢着整个班级。“喜欢比努力更重要”，乐在其中地去坚持一件事，不觉累反而很享受。

播撒爱也会收获爱，在每届“最受欢迎教师”评选的时候学生们都很积极，全班出点子，宣讲团队甚至午休也不休息，一次次改稿、排练。他们说“您的付出让我们感动，乾姐是最优秀的。如果评不上奖对不起老师”，其实孩子们何尝不让我感动呢？录制视频时，听到全班高呼“乾姐，我们爱你”的时候，我瞬间泪流满面。幸福地成长在于由衷地感动过，当看到学生们一点点地懂得感恩、学会自律时，能见证那生命成长的美丽，让我体会到作为一名教师的价值与幸福。珍惜师生缘，前生500次的擦肩而过，才换来今世的一次相遇。我要继续修行，修炼一颗爱教育、爱学生的永恒之心。

我在教育这方沃土上执着地守望，眼见青青的麦田化作金色的波浪，15年的辛苦付出更是成长的幸福。

初心不悔，砥砺前行，深耕桃李源；三生桃李，三世芬芳，开满幸福花。

……………………………………………………………………

苏立乾：物理研课主任。获得衡水中学五星级教师、高考明星教师、专业成长优秀教师、最受学生欢迎教师，衡水市教育科研标兵等荣誉称号。

拥有生命情怀，点燃生命成长

物理老师：王慧琴

教师不仅是一种职业，更是一项生命的事业，只有拥有生命的情怀，才能点燃生命的成长。这里的生命，既包括学生，也包括自己。

观点一：用知识养育生命

2009年12月23日，我儿子出生了。把儿子肉墩墩的小身子抱在怀里时，我内心充满了幸福感——深切地感受到我的生命被延续了。我内心充满了责任感，我要用一生去养育这个鲜活的生命！孩子饿了，会哇哇大哭；饱了，会露出甜甜的笑意。生命的成长，需要营养随时地补给。

由此，我想到教师的生命成长也需要足够的营养，那就是知识。以前在讲行星运动时我总是直接给出开普勒定律，学生理解起来太困难。我努力学习专业知识，在我读了《人类对行星的认识》以后，我就在讲课时加入托勒密、哥白尼、第谷、开普勒等人与行星的研究。

处于青春期的孩子喜欢网络游戏，于是我也学习了一些。在讲平抛运动时，我让孩子们玩《愤怒的小鸟》。孩子的过关率不高，而我每次都能顺利过关。我告诉他们，因为我熟练掌握了物体的平抛运动。动画片《熊出没》风靡一时，在讲摩擦力时，我陪孩子们一起看《熊出没》。我引导他们看知识点：光头强在光滑的冰面上无法行走，摔倒了N次以后，终于找到诀窍，把脚上绑上藤蔓，以此增大摩擦力。

在教学过程中，我不断地汲取知识，从课内到课外，从专业到业余，从古代到现当代，从书本上也从他人身上学习。我深深体会到，只有不断充电，才能持续放电。丰富的知识扩展了我的视野、灵动了我的课堂，也养育了我的生命。

观点二：用乐趣培育生命

儿子1岁的时候，我教他认识数字，一连进行了几天，孩子还是分不清123。我曾怀疑孩子的智商，可是一次偶然改变了我的看法。我给孩子买了一张动物电子图画，按一下，就可以发出动物的叫声。儿子对那张图片很感兴趣。没两天的时间，就把图片上的70种动物都认全了，甚至可以模仿有些动物的叫声。那件事让我欣喜了很久。我反思儿子为什么简单的数字记不住，反而两天内把70多种动物都记住了。想来，应该是乐趣使然。

“知之者不如好之者，好之者不如乐之者。”在一定意义上，教育的成功是让学生永远保持浓厚的学习乐趣，我们发现，有的学生对学习越来越不感兴趣了。究其原因，是孩子们享受不到学习的快乐。因而点燃学生的学习热情，帮助学生找回学习的乐趣，是教师的智慧所在，也是教师的生命价值所在。

在学习力的分解时，我引入三个和尚的故事：“一个和尚挑水喝，两个和尚抬水喝，三个和尚没水喝。现提供两根长度相同且重量不计的扁担、一只水桶，问如何使三个和尚在抬水时各自承受的压力相同，却都不吃亏？”故事激发了学生强烈的探索知识的兴趣，通过研究、探索，最终让三个和尚都喝上了水。

当我跟他们讲马航问题时，学生们学物理的热情高涨。马来西亚总理纳吉布于3月24日宣布，MH370航班在南印度洋海域“终结”。这一结论的得出，完全是通过对卫星数据的分析：在不知道飞机是否以固定速度飞行也不知道随后是否改变方向的情况下，假设飞机以自动巡航速度飞行，根据航班的燃料和航程数据，依据多普勒效应，MH370次航班发出的脉冲声波信号频率随着卫星在轨道上的移动而变化，结合雷达信号信息，最终猜出MH370终结于南印度洋。通过这一点，学生进一步认识到：生活离不开物理，科技的发展离不开物理，人类思维的进步离不开物理。

类似这样的故事在我的课堂上几乎天天有，每当这时候，我都会感到无比的快乐和充实。我快乐，是因为我享受着学生们的快乐；我充实，是因为我没有简单机械地重复，而是不断地创新。学习的乐趣让学生的生命变得灵动而多彩，我的生命也因此变得更加丰盈。所以，我想，任何时候，教师都不应是一个谋生的职业，而是一项用生命培育生命的事业。

观点三：用梦想滋养生命

生命本无意义，关键在于你赋予它什么含义。而赋予它意义的，正是人的希望和梦想。儿子4岁多了，前几天，我去幼儿园接他，他特兴奋，因为他爸爸出差回来了。回家的路上，一路红灯，他那期待快点儿回家的心受到了打击。等红灯时，儿子突然说："妈妈，以后我给你造一架飞机吧，这样你就可以从汽车的上面飞过去了。"童言无忌，我以为孩子说说罢了，可后来他又在不同的场合说过多次，可见，一颗梦想的种子在儿子幼小的心里开始生根发芽。

其实每个人最初都是梦想家，但随着时光的流逝和现实的打磨，慢慢"梦"没有了，只剩下"想家"了。我经常想，教育就是呵护、培育每个孩子内心那颗梦想的种子，让梦想之树茁壮成长。

曾经我讲静电现象时，制作了一个静电除尘的仪器。课下有个孩子跟我说："老师，我觉得这个静电除尘的仪器可以制作得再精细一些。我想试着做一个模拟工业上的静电除尘器。"孩子的想法震撼了我，我抓住他的这个想法，肯定他、鼓励他、帮助他。最终在孩子的努力和我的指导下，孩子的实验成功了，这一制作还获得了河北省科技创新大赛一等奖。

一直以来，每当学生因物理学不会而沮丧时，我会用精彩的课堂去吸引他们并告诉他们，梦想的种子需要精心的培育；每当学生们遭遇挫折时，我鼓励他们勇敢面对并告诉他们，梦想的种子需要经历风雨才能茁壮成长；每当学生成绩有进步时，我会陪他们一起笑并告诉他们，梦想的种子需要成功的滋养。就这样，用我的呵护保护着学生的梦想，用我的鼓励激扬着学生的梦想，用我的梦想托起学生的梦想，生命因梦想而茁壮成长。

泰戈尔曾说教育的目的应当是向人类传送生命的气息。只要我们用生命的情怀对待自己和每一个学生，用知识养育生命，用乐趣培育生命，用梦想滋养生命，那么，我们的生命就会变得丰盈饱满、精彩无限。

……………………………………………………………………

王慧琴：中学高级教师。多次获得衡水中学高考明星教师、高考明星研课主任，衡水市科研标兵、三八红旗手等荣誉称号。多次参加省市赛课，均荣获一等奖。

我要怒放的生命

化学老师：苏玉钗

曾经多少次跌倒在路上，曾经多少次折断过翅膀，如今我已不再感到彷徨，我想超越这平凡的生活，我想要怒放的生命，就像飞翔在辽阔天空，就像穿行在无边的旷野，拥有挣脱一切的力量。

——题记

一、追求自己的教学风格

追求自己的教学风格——刚刚站稳讲台的老师怎敢出此狂言？当别人嘲笑我的狂妄时，我已经悄悄上路了——精心设计每一堂课，让每堂课都成为精品课。

下面我讲一讲甲烷的导入，大家来看哪一种讲法您更印象深刻。

第一种：同学们，今天我们来讲甲烷。甲烷是可以燃烧的，它同二氧化碳一样，能够引起温室效应，导致环境问题。

第二种：农场里有一头牛好几天没吃东西了，可牛的肚子却鼓鼓的，农场主急坏了。他想："牛不吃东西，会不会是牛嘴里有毛病？"于是把牛嘴巴撬开，点了一支火把想看看究竟。谁知火把刚一接近牛的嘴巴，就从牛嘴里射出了一条长长的火焰！这是为什么呢？因为牛嘴里的甲烷燃烧了。牛吃的是草，为啥吐的是甲烷呢？因为反刍家畜在反刍过程中会产生数量可观的甲烷，并通过打嗝和胃胀气排放到大气中。但大家知道吗，牛打的不是嗝，放的也不是屁，是无法回避的环境问题。所以在美国有人建议牛先生："放屁是需要交税的。"

从现场反应可知第二种课堂导入方式效果更好，或许多年过去学生也还记得。同样，学生的大脑不是用来填充知识的容器，而是需要被点燃的火把。

去年我上了一节功能高分子材料的优质课。那时母亲节刚刚过去，我确定了“感恩”这条主线。开场白从一首《时间都去哪儿了》开始，从母亲对孩子小时候的呵护——尿不湿，引出高分子树脂材料的学习，到母亲节的感恩——生命的孕育；从剖宫产手术缝合线引出医用高分子的学习，到我们回报母爱——未来强大；从诺贝尔奖的获得引出导电塑料材料的学习，将本节课的情感基调上升到母爱的表达与孩子的回报上。从一个拉花展示高分子材料的研究思路，从我们站队时手脚并用来讲线性结构到网状结构形成的交联原理，类比我们日常生活中穿衣而不穿线，以此理解网状结构的良好性能；从一起关注民生的视频来体会高分子材料研究的社会意义；从人造器官图片的展示和人造器官商店的预见来体会医用高分子材料的研究意义。课堂最后我设计了一个环节：用高分子吸水材料水晶泥制作一个花瓶，插入一束康乃馨，送给现场一位当天过生日的同学。我说：“我不是送给你的，我是送给你母亲的。”

课上完后赢得了学生和老师们的掌声。王晓宁老师在书香博客中写道：“聆听这样的一节课，感觉耳目一新，由内至外地舒心，既有精神的汲养，又有实实在在内容的收获，那种感觉就像是在天气最热的时候喝了一杯精心调制的最凉爽的冷饮，说不出的一种舒坦。”

作为教师，没有比上一节成功的课更开心的了。追求自己的教学风格，我相信有心的地方就有发现，有发现的地方就有成长。

二、不断实现自我突破

实现梦想必须不断地实现自我突破。突破自己其实就是淘汰原来的自己，为自己设定更高的挑战目标。

毕业第一年，我承担了高二311班的化学课授课任务，半年来成绩一直不错，期末评优时得到了工作后的第一张奖状：优秀青年教师。还没来得及享受这份喜悦，却迎来一个更大的挑战——下半年转而接手了高二年级最差的两个班的化学课。教学成绩一下子由原来的第一变成了倒数第一，那段日子哭过、痛过，别人一提成绩就敏感到要找个地方去难过，急得我经常耳鸣，但我始终相信唯一的可能之路延伸在不可能之中。我凭着这份倔强，经过一段时间的努力，终于摆脱了落后。从教后第一次评教，两个班级一个第一、一个第二。这次历练让我明白，必须突破自我才能有更大的进步。

实现自我突破，还要争取各种机会锻炼自己。机会来时不怕麻烦，紧紧抓住；没有机会，创造机会。

2011年，我陆续参加了衡水市、河北省、华北区的优质课大赛，每次都是最年轻的参赛选手，每次都获得一等奖。参加学校组织的“三三三”教学法优质课比赛，我成了唯一一个两次均获得特等奖的老师。当然，成长的过程是艰辛的。刚开始时，准备一节课憋得想揪头发，痛苦无比。有一节课我试讲了八次、哭了三次，也曾发誓以后再也不参加类似的活动了，但事实证明，成长就孕育在痛苦中。准备这一系列的课，使我的观念不断转变，促进了我讲课风格的逐渐形成。今年8月，河北省骨干教师培训班来衡中参观，学校要上一节展示课，从周六接到通知到周一上课，我体验到了不断突破自我的快乐。不断突破自我使我幸福地走在实现教育梦想、收获生命成长的路上。

三、坚守自己的教育梦想

有一种财富是心灵富有，有一种美丽是拥有情怀，有一种幸福是坚守梦想。马丁·路德·金说过，如果你的梦想还站着的话，那么没有人能使你倒下。当老师是我从小的梦想。从教7年来，我始终认为，对于教师这份职业，要用一种情怀把它做成事业。

我有一个梦想，在专业成长的路上，一年一个大突破，一年一个大跨越；我有一个梦想，拥有苏玉钗的教学风格，像王后雄的学案一样声名远扬；我有一个梦想，在工作的下一个7年，成为河北省化学名师，为衡中增光；我有一个梦想，出版一套苏玉钗百节优质课集，实现自己的更大价值。到现在，让我比较满意的一共有八节了。我想，如果以每年四节的速度增长的话，这个梦想就可以实现。

生命本无意义，若有意义，也只是人们自己赋予的。我相信，坚持自己的教育梦想，不仅可以帮助学生实现生命成长，也会让我的生命因梦想而美丽地绽放。

苏玉钗：中学一级教师。多次获得衡水中学优秀青年教师、最受学生欢迎教师、专业成长优秀教师、高考明星教师、教育科研标兵等荣誉称号。

荣获衡水中学“三三三”教学法优质课比赛特等奖，在衡水市、河北省、全国优质课比赛中均荣获一等奖。

我爱，我行，我思，我成长

化学老师：王晓宁

教师不仅是一个职业、一个角色，更是一个孕育希望、承载梦想的生命个体。既是生命，则无时无刻不在成长。

一、爱，让教师成长有温度

选择当老师，是因为热爱。爱赋予了教师生命新的意义，所以对于我来说，最幸福的事情是你爱的学生也爱你！

记得我带的第一个班是529班。对于刚刚参加工作一年、没有班主任经验的我，从一个优秀的班主任手中接班，备感压力。因为学生随时会将你与之前的老班进行对比，一个问题处理不好，直接影响学生是否接纳你、信服你！我迎来了教师成长中一个巨大的挑战。我知道我无法超越别人，但我要做好自己！我要用真诚的爱去叩开学生的心灵之门，用生命的热情去照亮学生的生命。从每天不间断地跟操到远足的全程陪伴，从悄悄飞到学生桌子上的一张张写满鼓励话语的小字条到与每个学生一对一地谈心交流，只要有529班的地方，就有我的身影。每一天，我眼里看到的、心里惦记的、嘴里念叨的全是529班的学生。两个月后的一次班会课，班长捂着我的眼睛带我走进教室，当我睁开双眼时，看到了黑板上用不同颜色的便笺纸拼成的大字——“529爱您”，旁边还画着我的肖像，将我的名字写成藏头诗：“晓镜但愁云鬓改，宁愿随您莫语寒。”伴着轻音乐，两位学生深情朗诵我和529班一起走过的日子。那一刻，我哭了，眼泪无声地滑过脸庞。当所有的学生起立，喊出“晓宁老师，我们爱您”的时候，我觉得自己是天底下最幸福的老师。年轻的生命因为爱和被爱而精彩绽放。

爱学生就是爱自己，教育因为有爱而有了温度，学生的心灵因为有爱而明月朗照。教师生命的幸福之源是学生，为学生营造一个有爱有心的世界，不仅促进学生的生命成长，也在滋养教师的生命成长！

二、行，让教师成长有厚度

经常听到专家或一线的老师说起“生命停滞”这个词，就是指工作几年后发现自己不再进步了，这是很可怕的。为了不让自己步这个后尘，我不断尝试新的挑战，不断更新教育教学方式。

为了激发学生的学习兴趣，拓宽学生的视野，高一新学期，我与学生一起开展了以“我的护肤我做主——中学生护肤品调查研究”为主题的综合实践活动。利用课余时间，我与学生一起走出校园，深入商场、皮肤医院、美容院进行调研，一起做绿色简易护肤品，一起撰写研究报告，一起进行中学生护肤宣传。凭借此活动，工作第一年，我代表学校参加河北省综合实践活动说课比赛，从说课稿的撰写到一次次修改和完善，从综合实践活动老师的指点到一次次试讲与彩排，从比赛前的彻夜准备到现场比拼，我经历了一个开放式教育教学活动的设计与实践。跳出课堂学习，走出校园参赛，让教师的生命因眼界的开阔而有了厚度。

新课程倡导多样化地开发课程资源，以促进学生的个性发展。高二下学期，结合专业优势，我开设了校本课程《研究生活中的化学现象》，我与学生都是课程的开发者。从喝水杯子的秘密到葡萄酒中的二氧化硫，从冰激凌中的反式脂肪酸到现场化学魔术揭秘，我们彼此分享所看、所思、所想，实现思维碰撞、教学相长。

高三了，时间更紧了，担子更重了，但成长仍在继续，理念始终跟随教育前沿。微课，又为我们青年教师提供了一个新的成长平台。从聚焦教学问题，到活动设计，再到课堂的打磨，我不断学习、探索、突破自我，让年轻的生命不断弹奏出新的音符。

不同的教育教学方式，让我积累了更多的课程资源，更新了教育教学理念，也让自己的化学课堂更接地气，充满生机与活力。当你全身心去关注并努力挖掘学生生命价值的时候，你会发现，教师的生命成长无形中也有了厚度。年轻，就是我们青年教师行走的无限力量。作为新时期的衡中青年教师，紧跟时代要求，敢于不断尝试、不断突破，完成生命的一次次蜕变，就是不断丰盈教师的生命。

三、思，让教师成长有高度

名师名家是写出来的。虽然现在我距离名师的距离还有很远很远，但我有成为名师的梦想。敢想，更要敢干。从参加工作的第一天起，我就开始并坚持书写自己的教学反思。写是一种自我释放，也是一种自我倾听；是心灵的舒展，也是灵魂的升华。到现在为止，我的教学反思笔记已有9本，电子版的成长日志约68000字。我还会坚持下去，让教师的生命在反思中变得更有高度。

当反思成为一种常态，就能聚焦问题。我发现作为青年教师，头脑中的理念和知识会与教学实践脱节，有丰富教学经验的老师却不存在这样的问题。带着这个疑问，我打电话咨询了我的研究生导师，她指导我关注新手教师的实践性知识。于是在教学之余，我踏上了教学生涯的教育科研之路。从查阅文献到课题提炼，从问卷编制到开展调查，从数据统计到论文撰写，整整一年半的时间，我钻在其中、研在其中，乐此不疲地寻找教学实践与理念的契合点与生长点。而今这篇题为《中学化学教师实践性知识现状研究》的论文已在国家核心期刊上发表。但我深知我获得的不仅是一份肯定、一份荣誉，更是收获了从迷茫到困惑、从实践到理论、从反思到理念的多重成长。思在教学问题上，让我的教师生命有了拔节的声音。

生命是一种过程而不是一个目的，一个生命就是一个希望、一个梦想。教师用梦想托起梦想、用生命培育生命，生命不息，成长不止。我要用爱、行走和思考，化身成小小的海星，怀揣着梦想，在教育的海洋里自由而潇洒地成长！

……………………………………………………

王晓宁：化学研课主任。获得衡水中学最受欢迎教师、专业成长优秀教师、高考明星研课主任等荣誉称号。荣获教育部优课。

心灵交汇，教学相长

化学老师：刘蕴华

从教十几年，我与孩子们朝夕相处，结下了深厚的师生情谊。在教与学的过程中，我喜欢看到学生们求知若渴的目光，喜欢和他们心灵交汇的感觉，喜欢和他们相处，感觉自己和他们一样年轻，并且，在教会学生学习的同时，我也收获了很多。

一、学会了等待与分享

面对普二的学生，有时候他们的叛逆真让我无语，我也曾气得摔门而去，但当我看到他们眼泪汪汪的神情，愤怒转眼烟消云散。我开始调整自己的心态，耐着性子认真分析学生的情况，分别找学生谈话、做工作。经过努力，几个月下来，我的脾气全没了，教和学的关系水到渠成，学生的成绩和能力有了很大的提高，每次考试都是第一。

“老师，您给我一句话，就打开了我一扇窗；您给我一个眼神，我就找到了方向。”

“真正的大师，是像您一样怀有一颗爱学生的心。”

“老师，您的好我们永远记在心里。”

“老师，我特别喜欢上您的课。”

“老师，遇到您真是我的幸运。”

“老师，我们爱您……”

看着他们写的一张张字条，我真的感觉自己是世界上最幸福的人。是学生教会了我不急于求成、不心浮气躁，不指望通过一次活动、一次谈话就收到立竿见影的效果。其实，当我们学会用等待和分享的心情看学生时，我们就能对学生少一点儿苛责、失望和冷漠，多一分理解、信心和亲切。

二、学会了沟通与宽容

多沟通能使我们的教育理念得以落实。用宽容的心态看待学生，我们会更加尊重学生，学生会更加爱戴老师。记得有一次学校安排我上公开课，那时候我还很年轻，有着一股初生牛犊不怕虎的朝气。上课前我自信满满，感觉自己在教学理念、教材把握、课堂设计等方面都很有信心，应该能成功上好这节课。可是，上课前发生的一件小事把我的信心打击得荡然无存，结果我把自己缩到最小，把困难膨胀到最大，自信飘走了，语气不坚定了。我晕乎乎地上了一节课，连学生都看出了我的失态，他们都暗暗在课堂上给我打气，用善意的微笑鼓励我，抢着回答问题，上课的状态比平时好很多，下课后还跑过来安慰我。事后，我在班会上讲了这节课的心路过程，告诫学生任何时候都要谦虚和谨慎，不要盲目乐观。这件事并没有影响学生对我的态度，相反，他们更加爱戴和尊重我。这就是宽容和沟通的力量，真正的教育只能建立在尊重与信任的基础上，建立在宽容与乐观的期待上。

三、学会了传承与创新

刚到高一时，面对新课改以及扑面而来的各种问题，我也很困惑：旧的教育观念不适应新课标，学生不适应传统课堂了，怎么办？只能有所放弃、有所选择，重新审视自己的教学。每个白天和晚上，一遍遍研读新教材和教学参考，认真钻研新课程标准和高考题，深刻反思教训和总结经验。为了让学生每天都有更大的收获，每节课都像优质课比赛一样精雕细刻；为了解决一个教学问题，一遍遍向老教师请教……在这个过程中，我学会了从不同的角度对曾经习以为常的事情做出新的解释，学会了对认为理所当然的事情报以重新审视，学会了善于用自己的成长培养出具有创新意识和创新能力的学生。所以，当研究进入死胡同时，当某种教育方式遭遇失败时，当新的教育理念得到实践证明时……我们都应该及时地创新，也许转一个弯就是柳暗花明又一村了。

……………………………………………………………

刘蕴华：中学高级教师。多次获得衡水中学高考明星教师、十佳研课主任，衡水市教科研标兵、三优标兵、女职工建功立业标兵，河北省骨干教师、新世纪“三三三人才工程”第三层次人选等荣誉称号。荣获衡水中学“三三三”教学法一等奖。被衡水市人民政府授予三等功。

学生让我的生命更加厚重

化学老师：郝占伟

教师生命成长是每位教师一生的课题，今天我和大家交流一下我对教师生命成长的认识和理解。

一、关爱生命，关爱学生，提升自我

成人礼前几天，我们班一位同学的妈妈来找我，说："小李的爸爸在外地出差，我是小李的继母，他不让我来参加他的成人礼。"说着说着，这位特殊的妈妈竟哭了起来。那几天，我一直在思考怎样处理好这件事。

成人礼时，是我为小李行的加冠礼。当在《母亲》的背景音乐中进行到"心灵沟通"的环节，家长和孩子交换信件时，莘元馆内不断地传来孩子读到家长信时感动的哭泣声，我注意到没有家长陪伴的小李此时神情落寞，几滴眼泪悄然滑落。于是，我拿出了他继母写给他的信，并让我转告你："你妈妈委托我把这封信交给你，并让我转告你，'虽然我们的家庭和其他家庭有些不一样，但我要给你与其他孩子一样的幸福'。"小李脸上露出了惊讶、高兴乃至感动的复杂表情。我又说："成人意味着担当，你要让关心和爱你的人感到幸福，而不是痛苦。你妈妈非常想陪你一起过成人礼，你愿意给妈妈一个机会吗？"小李使劲地点了点头。"那好，你妈妈就在莘元馆门口等你。"小李一愣，再也控制不住自己的感情，奔向了门口。过后，小李的妈妈激动地对我说："郝老师，是您拯救了我们的家庭。您知道吗，小李第一次喊了我妈妈，第一次对我露出了笑容，第一次拥抱了我。我们全家一辈子都会感激您！"

我从没想到年轻的自己能够拥有如此强大的力量，能够让一个内心充满怨恨的孩子心生感恩，能够让一个无助的妈妈感到幸福，能够让一个不完整的家庭变得美满。为此，我重新思考了自己从事的教育职业，认真思索了自己生命的价值。只要用心经营我的教育事业，我的生命价值就可以无限提升。

二、唤醒生命，唤醒学生，发展自我

一个江洋大盗向大师跪拜忏悔：“我有罪！”大师回答道：“我也是。”江洋大盗大惊，又说：“我杀过人！”大师回答：“我也是。”江洋大盗忽然起身向远方奔去，一阵笑声过后他向大师喊道：“现在我已经改邪归正了！”大师冲他高声喊道：“我也是！”

每一个学生都是一个鲜活的生命，无论他们身上有多少缺点，你总会找到生命的力量。可徐超呢？如果上课你没听到他说话，那他一定是在睡觉；如果课下他在安静地写东西，十有八九是字条；昨天刚做了保证，要好好学习，今天一定忘得一干二净。如果我们眼中只有他的缺点，可能一个充满青春的生命就会从此凋零。既然他已经对学习失去了信心，那么我就要从其他方面帮他找回自信。运动会上我推荐他做志愿者，于是，他一次次奋力地跑向终点，去搀扶快要摔倒的同学；远足途中我安排他做摄影师，于是，他提着一斤多的单反跑前跑后，为大家记录难忘的瞬间；班级管理中我鼓励他竞选纪律委员，他的竞选口号是“用行动见证我的成长”。

虽然我无法完全改正他的缺点，却唤醒了他对生命的认知：你无法想象一个曾经成绩只有200分的学生，竟然有了上香港大学的理想；一个曾经抽烟喝酒的学生，却被大家推荐为班级的“榜样之星”；一个经常不遵守纪律的学生，会为一个素不相识的人捐出全部的零花钱。这不正是教育的真谛吗?

由这个学生我也想到了自己，虽然我是一名普通的教师，但我的生命可以不普通；虽然我没有聪颖的头脑，但只要唤醒内心的巨人，我可以更加优秀乃至卓越。我的课堂还可以变得更加精彩，让学生如痴如醉；我的管理还应更加艺术，让教育成为一种享受；我的教育可以更加精彩，让我的人生价值最大。

三、守望生命，守望学生，成就自我

从2007年参加工作，至今已经有7个年头，我曾因学生的顽皮而郁闷苦恼，也曾因成绩的不理想而无所适从，但让我真正成长的是对生命的守望。像一个农夫守望着麦田的成熟，我的最大幸福就是去聆听学生生命拔节的声音。每当教师节学生就会发来短信："老师您还好吗？""老师，我没有辜负您的期望，我拿到奖学金了。"每当寒暑假学生就会聚到一起，向我汇报他们的大学生活："老师您知道吗，李阳已经有女朋友了！""老师我找到工作了，就在衡水，以后孩子上学就靠您了！"

最让我感动的还是闫婕，我记得当时她说："我小时候爸妈就离婚了，但您对我比爸爸还亲，我叫您郝爸爸行吗？"那是多么可爱的一个女生，但由于生病不得不选择辍学。我为她难过、担心，发动全班同学，给她打电话、写信，鼓励她要坚强，班级组织的每一个活动我都给她留下位置，并把照片、视频和大家的礼物送给她，让她感到班级的温暖。由于落下课程较多，高考她只考取了一个二本，本以为她会就此消沉，但接下来的发展完全出乎我的意料。刚上大一她告诉我："老师，衡中教会了我坚强，我不会让您失望的。"她参加了班长竞选、学生会竞选、社团纳新，一人身兼数职。大二时她打来电话："老师我现在是学生会主席了，并且拿到了一等奖学金，我还要转全校最好的专业。"前两天她来看我，说："老师我已经准备考研了，为我祝福吧！"看到学生离开衡中后这样的发展，我由衷地高兴！

教育就是让每一个学生焕发出生命的光彩。我守望着学生，也守望着自己。虽然我现在只是一名普通的教师，但任何人都不能阻挡小角色拥有成为名师的大梦想；虽然我的能力有限，但我可以为成功奋战到凌晨3点，而5点30分仍能出现在跑操队伍中。我相信在衡中这片沃土上，创造任何辉煌都不是奇迹。守望着生命，也守望着梦想，只要我们敢想敢做，我们每一个人都是未来的名师，我们的生命必将更加精彩！

……………………………………………………………………………

郝占伟：多年从事高三教学、班主任工作，历届毕业生成绩优异。3名学生获得国际奥林匹克竞赛金牌，几十余名学生考入清华、北大。应邀到全国各地做报告十余场。

拓展成长空间，丰富生命内涵

生物老师：叶丽娟

生命本无意义，关键在于我们赋予了它什么意义。生命本是宇宙中的一粒尘埃，我们的付出却可以让生命超越尘埃，让生命变成一个无限的空间。下面我就教师生命成长这一话题谈三点见解。

一、读书提升教师生命境界

今年3月是我校的读书节，各个学科组都成功召开了读书报告会，会上老师们各抒己见、见仁见智，撞击出了美丽的思想火花。在化学中心教研室的读书报告会上，孙久生老师精彩的发言打动了在场的每一个人，独具风格的读书心得激起了大家读书的欲望。他在6年多的时间里读了139本书，139本书就是139种思想。会议结束后，老师们不无感慨地说读书真好。于是，中心教研室的读书，由几个人变成了多个人，乃至全部成员。我们感受到了更浓郁的读书氛围，我们要继续阅读，读专业的书、非专业的书，让读书不仅成为一种习惯、一种人生态度，并且成为一种生命的状态。我们还要继续阅读，读高品位的书，做杂家，成大家，让我们的生命境界更加高远。

我们不仅要读有字书，还要读无字书——研讨活动是无字书，专家也是无字书。为了响应学校新学期提出的百位专家学者进校园活动，各处室、各中心教研室纷纷邀请专家来校做报告，使书香之气浓郁校园。听到陶继新老师已经66岁时，我着实感到惊讶。我想，应该是书籍，抚去了他脸上的皱纹；是阅读，掸去了他心灵上的尘土；是思考，赋予了他不竭的活力。正所谓：时间使人肉体变老，读书却让人永远年轻。

古人云："太上有立德，其次有立功，其次有立言。"孔子学而不倦，他的生命延续到了今天。我们要用读书的生命状态，来修令人敬仰之德，建教育教学之功，树真知灼见之言。我们要把我们的思想、我们的精神传递给学生，让我们的生命价值之水在学生的生命大海中永不干涸。

二、课堂提升教师生命价值

课堂是师生思想相遇的地方，师生的思想在这里碰撞、生长；课堂是一个大大的生命场，师生的生命在这里拔节、生长。

我在讲生命的重要物质水时，许多学生都理解了细胞中水的存在形式以及作用，突然有一名学生发问："老师，现在地球上水资源越来越少了，可傣族人民过泼水节泼掉那么多水，这不是浪费水资源吗？"这一问题显然出乎大家的预料，课堂气氛和教学节奏被这一看似"不和谐"的音符打乱了。面对这一突如其来的问题，我没有轻易地否定或批评，而是对这一提问大加称赞，并就此话题让同学们展开讨论：泼水节这一天人们为什么特别高兴？这里的"水"到底是什么含义？一石激起千层浪，学生经过一番激烈的讨论，明白了这清洁的水不仅仅是一种自然资源，还具有更深刻的文化内涵，它象征着尊敬、友爱和祝福。他们相信，虽然傣族人民生活在水量充沛的热带雨林地区——西双版纳，但爱水的民族肯定最懂得水的珍贵。短短的几分钟，让学生受到了一次民族文化的熏陶，正是由于这种独具匠心的处理，不但保护了学生的质疑精神，让"错误"变成了宝贵的学习资源，更重要的是使课堂在对话中生成，在辩错、改错的过程中发展了师生的思维，使课堂呈现出一种生命的美。

在编织课堂梦想的路上，成长的不止我一人，而是衡中这个团队。近年来，我校组织的"三三三"教学法优质课、翻转课堂研究课、课改展示课、青年教师基本功大赛等，活动密集，参与面广，使得课堂这一师生的生命场更具魅力、更具光彩。

在非洲的戈壁滩上，有一种叫依米的小花，它要花5年时间来扎根并一点一点地汲取养分，在第六年春天才能吐绿绽翠，开出一朵小小的四色鲜花。而教师不也是如此吗，我们在用一生的时间准备一节课。如果说，鲜花是依米的精彩生命的呈现方式，那么，经过精心打造的精彩课堂，又何尝不是一名教师生命的精彩的呈现方式呢？

我们每一个人还需要再多一点儿勇气，让生命的成长与专业发展同轨道、共进步，把精彩课堂当成生命中最重要的一部分，提升我们生命的价值。

三、反思提炼教师生命智慧

记得2008年，初登讲台的我为了期末取得好成绩，不惜花费大量时间给所有学生写下针对性的寄语。尽管学生感动万分，但成绩还是让我大失所望。痛定思痛，我想，好成绩不是靠感动得来的，而是要靠精彩的课堂赢取。于是我将反思付诸行动——上课前做完所有的习题，课堂上讲清所有的知识点，教学成绩果然有了一定的起色。但我发现自己的课并没有吸引力，只是在“授业解惑”。我应当用激情去感染学生，用幽默去调控课堂气氛。评教排名一直领先时，我觉得我努力的方向是正确的。教学阅历给我带来的是更深入的反思，深入的反思使我凝练了教学特色、发展了教学风格、提升了课堂内涵。

回首自己的成长路，可以说是一条反思的路。写一辈子教案不一定成为名师，写三年的反思，有可能成为名师——我对叶澜教授的这句话深信不疑。

于是，在一次次的反思中，我明白了课堂应该是一个生命场，我们的生命因为学生生生不息；我明白了教师不应是一辈子的教书匠而应当是一个思想者，通过我们的反思去完善我们的思想，用思想改变学生；我明白了教师更应当是人类灵魂的工程师，通过反思完善我们的人格，用人格塑造人格。

我发现，当我们内心急切要求反思时，我们的反思才是真正的反思，我们的反思才更有价值；当我们主动去反思时，我们的反思才能指导我们的行动，我们的反思才能提炼出生命的智慧。

感谢父母给予了我们生命，生命本是线段，但因学习变成了射线，使生命可以向一个方向无限延展；生命本是线，但机遇让我们站在了课堂这个中心地带，使我们能以自己的价值为半径扫描出一个面，使我们可以向学生传播知识、传递思想，辐射正能量；生命本有界，但上苍赋予我们反思的品质，让我们转动了这个面，形成一个无限的立体的生命空间，让生命变得完美而伟大！

……………………………………………………………………………………

叶丽娟：学科教研室主任，年级教学主任。获得衡水市巾帼建功明星、第七批市管专家，河北省“三三三人才工程”第二层次人选荣誉称号。多次荣获省市级赛课一等奖，并到全国各地做课程改革和高考备考研究方面的报告。获得衡水市三等功。

不忘初心，继续前进

生物老师：尚风奎

班会课上我曾问过学生一个问题，起床后从宿舍到教室或者是到候操位置，在甬路上行进的人群中，哪些同学的速度快，哪些同学的速度慢？很多同学回答不上来，我告诉他们，在人群最前和人群末尾的学生往往是速度最快的，而在中间位置的学生往往速度是最慢的。因为一路争先，干劲更胜一筹；因为落后被动，所以被迫努力。不同的心境，不同的结果。中间的学生因为比前不足但比后有余，容易小富即安。

这也是我头脑中三类教育工作者的形象。我拒绝成为落后者，为外力所迫被动向前；我讨厌成为中庸者，随波逐流不求上进；我渴望成为引领者，勇敢追求，无悔付出。只有最好的老师才能教出更好的学生，教书育人就要做最好的老师，这是我的追求。正所谓，不忘初心，方得始终。一路走来，我越发觉得这句话刻骨铭心。

一、不忘初心，笨鸟先飞

2008年刚到衡中，我做了一年的班主任，但因为班级成绩不理想第二年没有被聘。看着一年来老师们的班主任工作做得风生水起，带班、教学样样出色，各项评比处处领先，我好生羡慕，一度自惭形秽、备感失落。有人劝我说衡中的班主任太累了，不做班主任也好。但是我觉得，做教师不做班主任是最大的遗憾，只有当班主任才是实现我教育追求的阶梯。所以虽有过挣扎、有过彷徨，但我心依旧、从未放弃。在深刻反思自己的不足之后，我制订了个人的成长计划，我相信教育能力和理念的提升是可以通过后天的努力实现的。在加大备课投入、保证个人成绩优秀的基础上，我开始每周日晚三跟听老教师的班会课。很多时候跟听几个老班主任的班会课，我会听一节录好几节，然后挤时间慢慢听回放不断记录和整理，并且写了很多听后感和自我反思。除此之外，每晚我会做到最后一个离开备课区，睡觉前还要反思一下当天的教育教学，收获有哪些，不足有哪些，抱着笔记本写到深夜十一二点。每周都在听、都在看、都在写，现在回头看当时写的反思和论证过的班级管理策略和思路，虽然略显稚嫩，但真的是逐渐形成了自己的思维方式和治班理念。我很怀念那段日子，纯粹到每天都能感受到自己的成长。育人需要能力，笨鸟就要先飞，否则当机会来临时你会不知所措，这是我来衡中后第一大收获。

二、不忘初心，坚守信念

2011年担任复习班班主任，我相信陪伴就是最好的管理，学生起床我已在候操地点等待，学生午晚休后我才离开，学生下午起床我又带领班级宣誓。每一次到位都发现问题，每一节班会都倾注心血，对每一个学生都了如指掌，同呼吸、共命运，我的生命已经融入了这个班级。那时，看着学生每一天的成长和进步就是最大的安慰，潜移默化中，自己也在不断地成长。

2012年负责年级部德育工作，每一项工作对我来说都是崭新的。为了保证质量，年级部的所有要求一定是我亲自动手推敲；现场模拟的结果，一定是精益求精最好的安排。已经忘记了有多少次查完晚休后敲开楼管的门，去准备明天的工作。有一次在东校区开完会已经晚上10点30分，因为张校长提到了二轮复习要实现弯道超车的概念，我意识到这就是下阶段的工作重心，必须体现在第二天早上班主任会的德育重点中，随即返回明志楼，把已经准备好的材料修改好并重新打印，这才在楼管睡眼惺忪的注视中心满意足地冒雨离开。台前有条不紊地演出绝对源于幕后千头万绪的准备。

曾有一个提分近200的复读生问我："老师，在衡中每天那么累，您图什么？一辈子都这样，值得吗？"我告诉他："如果没有我们的努力，不可能换来你的圆梦衡中。"他沉默了。他哪里知道，这就是作为教师的使命感，也是我们的幸福感的不竭源泉。不忘初心，坚守信念，正是这样的信仰让我不断地坚持走下去。

三、不忘初心，砥砺前行

2014年，全面负责年级工作岗位的调换是学校对我的莫大信任，我明白这也意味着更大的责任和压力。我牢记张校长的话："衡中没有骨干，只有肯干。"面对新的挑战，我要做的就是更加专注和努力。没有足够的经验，但我有充足的精力。盯紧课堂和学科，不做工作的二传手，做好工作的决策者、执行者，德育教学常规、年级评价方案、班级学科措施落实、青年教师学生干部的培养、各种活动的策划实施等，掌控全局，落实细节，追求极致。特别是2016年我挑起高三的担子，在2015年取得优异成绩的基础上，目标就是超越，就是不惜一切代价夺取更大胜利。于是没有了节假日，每天早上5点40分之前到校，晚上10点以后离校，每天备课、听课、教研、管理班级、管理年级，经常忙得吃不上饭，工作计划精确到了每一天。考后质量分析会、青年教师会、学生大会、卓越班培训会、班级教研会、每个班级的尖子生座谈会，每一次会议都认真准备，每一项要求都全力以赴，我和我的复习班团队无时无刻不战斗在一起。也就在那时，我更加理解了教育的真谛，一群人为了同一个教育梦想，牺牲了自己所有的时间，凝聚全部力量和智慧，心之所向，无怨无悔。感动和激动都化作美好的回忆，汗水和泪水都化作成长的印迹，这是一个酣畅淋漓的成长过程。

一届学生毕业了，一次高考成功了，但我追求的脚步没有停歇，因为做最好的教师是我毕生的追求。尽管在教师生命成长的路上，我还只是一个不断摸索、期待进步的初学者，但我知道我的生命一定会随着我的坚持和努力不断成长，我知道我的教育之花一定会开得格外绚烂！不忘初心，继续前行！

……………………………………………………………………

尚风奎：获得衡水中学高考明星教师、模范班主任、十佳青年教师希望之星，衡水市中小学优秀班主任、科研标兵、青年岗位能手、金牌工人，衡水湖宗学最受欢迎教师，河北省优秀志愿者、2018年学雷锋志愿服务"四个100"先进典型、最美河北人等荣誉称号。

生命因奥赛而精彩

奥赛教练：张权

还记得从小时候开始，自己就有一个梦想，长大后要当一名教师；刚刚当了教师后，仍有一个梦想，要成为一名学生喜爱的教师；渐渐地，又有了一个更大的梦想，那就是一定要努力当一名成就学生并锤炼自己人生的导师……就是这样的梦想，使我走进了衡中，使我从普通教师到奥赛教练，并由此书写着奥赛教练艰辛却又美好的篇章……

一、奥赛教练，苦累中品尝着“甘甜”

时光荏苒，我到衡中已工作了12个春秋。2004年大学毕业后，为了心中的梦想，靠着一种信念，2008年我勇敢地担下了奥赛班班主任和教练员这两项重任。刚接触奥赛时，我感触最深的就是“压力”这两个字。当时作为奥赛教学新兵，知识、教学方法等一切都觉得无从下手并要从零开始，感觉肩上的担子真的很重，但我始终相信，行动是一切成功的开始！

首先是“苦学”。我又拿起多年未碰的大学课本，潜心研究着早已生涩的大学物理知识，什么向心力、全反力、科里奥利力，什么开普勒定律、费马定理、毕奥-萨伐尔定律，还有什么电动力学、物理光学、相对论力学，等等。有时为了弄懂一个问题，一小时、两小时……忘记了时间，忘记了吃饭，就这样一个个难关被我用两年的时间基本拿下。两年下来，我的体重下降至不到50公斤。

其次是“静悟”。为把奥赛课讲深讲透，我每天面对难题冥思苦想，吃饭时想，走路时想，睡觉前想，从基础知识到习题训练，再从习题回归到基础，反复领悟其中的奥妙和潜在的规律，努力让自己的知识和方法得以系统化和升华。

最后是“巧讲”。反复探索研究，想方设法用最适合学生的教学思路和授课方式。我始终认为，好的奥赛教练讲授知识，不只是给学生一杯有价值的水，更重要的是要帮学生开凿出一眼“泉”，唯有这样的奥赛教学才是富有活力和后劲的。为了这一目标，我始终不惜一切努力着。

8年的奥赛生涯，不知放弃了多少节假日去外出培训，放弃了多少休息时间回到课堂，每天中午能趴在办公桌上眯15分钟对我来说已经成为一种莫大的享受。朝霞点染着晨露，黄昏辉映着晚星，孤独的月光下映照着疲惫但充实的身影……8年的心血汗水换来了丰厚的回报，我辅导的学生获得省一等奖、入选国家集训队，在国家奖项上摘金夺银。回首过去，是奥赛，点燃了我的生命激情；是奥赛，让我的教学步入新天地；是奥赛，让我的生命走进新境界；更是奥赛，让我品尝了付出后的幸福和甘甜。

二、奥赛教练，艰难中体味着“温暖”

提起“奥赛”，大家脑海里一定会浮现一个字“难”，两个字“难难”，三个字“难难难”。

难，难在奥赛教学上。典型表现是即使花很多时间和精力备课，一堂课下来，还是会被学生围得水泄不通。奥赛生思维跳跃性非常强，往往提出的问题千奇百怪，大多是备课时很难想到而且不好解答的。我有时被学生问得汗流浃背、狼狈而逃。被他们课下提问还算是幸运，更让人郁闷的是学生在课上和老师争得面红耳赤，而最后教练被问得哑口无言，挂在讲台上。对于驰骋高考讲台多年的我来说，那种深深的挫败感简直让人透不过气来。

难，难在外出培训上。知识上要有收获，更要确保安全。每次虽做了大量准备工作，现场还是会有种种突发情况需要面对。2014年在南开大学集训时，学生被困在电梯里，我当时心急如焚；学生半夜突发高烧，我顾不上睡觉吃饭带学生去看病……一点一滴，怎敢有丝毫懈怠。

难，难在奥赛比赛上。比赛前，其实承受着巨大的心理压力，但作为教练，必须既要像山一样支撑起学生的士气，更要像水一样去温润学生的心灵，内心的煎熬、酸楚很难形容。尤其是比赛成绩出来后，心情非常复杂，既为成功的学生欣慰，同时更为那些发挥失常的学生感到遗憾……正是这样的特殊经历，教练与学生多了亦师亦友的融洽，多了战友般并肩作战的历练，多了互相支撑共同登攀的信念，多了互相关心恰如亲人的温暖……由此，艰难便在这里蜕变，定格为生命中最温暖的回忆，成为生命在成长和丰富中最精彩的演绎！

三、奥赛教练，酸楚中追求着“情愿”

如果把奥赛比作一场战斗，那么教练就是带领战士冲锋陷阵的指挥员、战斗员。在战场上不管你是怎样的坚毅果敢，而当离开战场回到家庭，便是儿子、父亲、丈夫。当面对年迈的父母、年幼的孩子、独自挑起家庭重担的爱人时，那颗柔软的心便独自吞噬着因亏欠家人而产生的种种酸楚。但也就是在那一瞬间，那植根心中的责任感和使命呼喊着自己继续坚持。渐渐地，所有的付出与坚持都变成了心甘和情愿。不但如此，每当此时，身为教练的我，便又给自己的肩上压上更重的担子，那就是，要求自己不只是学业上的教练，更应该是心灵教练和人生导师。

奥赛是一种精神，奥赛是一种拼搏，奥赛是一种力量，奥赛更是一个团队间的传承。而我们，正是靠衡中这一沃土的滋养，打造了这样一个敬业乐业的教练员团队，一个正在奥赛中生命成长并用行动诠释着奥赛精神的团队。短短几年内，我校的奥赛成绩突飞猛进，一跃成为河北省奥赛强校。

“我想我们都一样，渴望梦想的光芒，这一路喜悦彷徨，不要轻易说失望……努力地往前飞，再累也无所谓，黑夜过后的光芒有多美。只想你我的力量，就能把对方的路照亮……”

生命因奥赛而精彩！

…………………………………………………………………………

张权：高级教师，奥赛中心教研室副主任，首席奥赛教练员。所带学生获物理奥赛省一等奖118人，进入国家集训队10人，获国家金牌16人、银牌18人，100多人升入北大、清华、香港大学。获得衡水中学奥赛“功勋教练员”、高考明星教师，衡水市优秀教师、教育科研标兵，全国优秀物理奥赛教练员等荣誉称号。

淡定，宽阔，积极，求新
——在专业成长中感受快乐

奥赛教练：张华

美国《时代》周刊搞了一个教师形象调查，将所有能找到的小说中关于教师的形象进行归类，最后描述为：女教师脸色憔悴，衣着保守，亟须美容；男教师普遍较瘦，举止猥琐，是小区里的隐士，课堂上的霸权主义者。这是西方教师的形象，咱们中国教师的形象却是完全不一样的，大多数被当作楷模宣传的不是已不在人世就是病得快不行了，至少也得家庭发生了重大变故——似乎不倒在讲台上几次就不是好老师。其实，这都是错误的认识。一个老师的责任是引领学生健康快乐地成长，那么首先自己必须能健康快乐地学习、工作和成长。好老师，更应该成为追求幸福人生的典范。

那怎样把快乐融入自己的成长中呢？我把工作中的一些感悟与大家交流分享。

一、淡定

我是因为高考估分失误才以高出录取分数线30多分的分数不得不进入河北师院化学系的。我就没想过当老师，当踏上工作岗位时，多少是心有不甘的，总是羡慕自己的同学、朋友，谁发了财、谁升了官、谁工作轻闲挣得还多，对自己的工作抱怨很多，所以工作上并不快乐，只是疲于应付。一次班会课，因为事先没有认真准备，该说的内容几分钟就说完了，还剩下大半节课，上自习又怕让领导看见，于是就谈了谈中学时和父母相处的一些经历和现在的一些感悟。也许因为是真情实感吧，原本一上班会课就头痛的学生们听得津津有味，甚至有的学生眼中还泛起了泪花。过了几天，一位学生家长突然赶到学校向我当面致谢。原来他们父女关系一直非常紧张，孩子基本上不理他，只要一说话几乎都以争吵结束，但这次回家女儿突然态度变了，父女俩谈了半宿，原来的隔阂一下子消除了，起因就是我那节班会！看着那位神情激动的父亲，我忽然发现我也很重要，我的几句话竟然可能决定一个家庭的幸福，这种成就感让我找到了工作的价值和乐趣。回想起来真该感谢那位父亲，要不是他找到我也许今天我还是处在那种牢骚满腹、枯燥无味的工作状态中。当一个人找到自己职业的价值和成就感时，就会变得淡定起来，对别人再好的工作、再高的待遇也能淡然视之，坚定地走自己的路。这种淡定是一个人专业成长的基石，也是让自己快乐的源泉。

二、宽阔

记得刚当班主任之初每天最不愿看又总是忍不住要看的就是量化表，一见到有人违纪被扣分就火冒三丈。尤其是那些常常违纪的刺头，我对他们简直是恨之入骨，一见他们就来气，总想找机会修理他们，他们也暗里处处和我作对。其中最让我头疼的是一个家庭富裕的女生，上课迟到、自习课说话、不叠被子，还换了几任男朋友，成绩更是惨不忍睹。你批评她，她不是百般抵赖就是面无表情、一言不发，用一种不屑的眼神看着你，简直能气得人发疯。更让人生气的是叫了几次家长，家长都不露面。我对她是彻底绝望了，没有给过她一次笑脸，一有机会就罚她，反正她也不争气，倒不如杀鸡给猴看。

一个偶然的机会，我“截获”了她写给男朋友的长达十几页的情书，信中大部分篇幅在写她的经历：父母都有外遇，却因为财产纠纷而不离婚；家庭暴力，爸爸甚至用铁管子打她和妈妈；父母都不想要她这个女儿，她是个多余的人，她讨厌周围的一切。这封信让我震惊了——她太可怜了！当我以同情和关怀的目光看待她时，我忽然发现这个原本一无是处的孩子也有许多可爱的地方，大方、机灵、处事果断、讲义气、人缘不错。不知不觉中，我表扬的学生中出现了她的名字，而且出现的频率渐渐高了起来。每次批改作业，无论她写得多差，我都不忘写上几句鼓励的话；她过生日，我特意在她的作业上写上了祝福。当她再违纪时，我不再火冒三丈了，而是很自然地耐心听完她的辩解，心平气和地和她谈。渐渐地，她违纪的次数少了，也很少再为自己狡辩，从她的眼神里能看到愧疚。虽然直到毕业她的成绩也没有太大的进步，但我还是能感受到她对生活的态度明显变积极了。几年后我收到她从英国寄来的信，她已经拿到了硕士学位，她说我是唯一一个让她感到温暖和信任的老师。

这件事让我体会到要度人必先容人。一个老师，每天都得面对学生这样那样的缺点和错误，这是我们的职责；学生都没有缺点和错误，教师这个职业就失去了意义。所以我们要有足够的胸怀包容他们的缺点和错误，只有这样我们才能少一些冲动多一分理智，走进学生内心，抓住问题的根本，尤其是对那些表现极差的学生。都说“可怜之人必有可恨之处”，但是作为老师更应该看到“可恨之人必有可怜之处”。我们心胸越宽阔，我们就越能享受教育的快乐。

三、积极

都知道“不想当将军的士兵不是好士兵”，从来没想过不想出名的老师成不了好老师。没有人在年轻的时候真的能做到闲看花开花落、坐看云卷云舒，那是失落者的失望之言，一个人只有在积极应对挑战的过程中才能体会到自身的价值和成功的快乐。在我近10年的工作中，遇到的挑战越大的时候也是自我提升最快的时候。记得衡中第一次大规模接待全国教育同行参观，学校组织上展示课，当着几百名同行上课，对谁都是个挑战，组里老师们都有点儿犹豫，难免互相谦让。那时我是化学组最年轻的老师，头脑一热，应了下来——反正我年轻，上不好也不丢人。可我答应了就有点儿后悔了，事关学校荣誉，哪能当儿戏？第一次试讲讲得很烂，我紧张得几天睡不着觉，好容易睡着了梦里也是上课，而且还上砸了。为了上好这节课，在全组老师的帮助下，我反复地修改教学设计，反复地改进实验，一遍一遍地试讲。甚至听到有学生在背后说：“就是那个班主任，为了上节破公开课，把全年级的化学课都包了。”那时与其说是我在备课不如说是在“磨课”，把所有的细节都反复地研磨一遍。当把这节课干净、漂亮地展示在全国各地的同行面前时，得到的不仅仅是夸奖，更重要的是自己教学观念、教学技能的提高。这节课的反思经过整理后顺利地发表了，更幸运的是又凭着这节课我在市里、省里的比赛中一路过关斩将，获得了河北省比赛一等奖。这可是一分投入十分产出啊。衡中最可爱之处就是从来不吝惜给年轻人机会，所以我在这里想对无论是本校还是外校年轻一点儿的老师们说一句：不要把展示课、比赛课当成负担，积极地争取机会吧。

当然，谁都渴望成功，但并不是说要对名利过分地追求，要顺其自然，多关注一点儿过程，淡化一点儿结果，才能做到“无事澄然，有事断然；得意淡然，失意泰然”。

四、求新

春晚上小沈阳说“眼睛一闭一睁，一天过去了；眼睛一闭不睁，一辈子就过去了”，如果每天的工作都是简单重复的话，再好的工作也让人烦。当你每天的记忆都一样时，回首往事会发现时间过得太快了，可抬头向前看时却又不幸地发现时间过得太慢了。我们的工作初看的确是重复性的，去年跟学生说“你要好好学习，争取考上好大学”，今年说“你不好好学习，就考不上好大学”，明年还得说“想考好大学吗，那你好好学习吧”，一句话要唠叨一辈子，这的确让人高兴不起来，但是实际上每一个看似平常的问题背后都可能隐藏着一个广阔的新天地。

比如，有个学生上课总是不认真听讲，一进教室就烦，还和老师顶撞，成绩一落千丈。我和他谈了好几节课学习的意义、大学的重要、对父母的责任、努力的必要性等，道理都说了个遍，把这孩子说得泪流满面。当时我心里暗暗高兴，终于把他打动了，谁知他最后说了一句“老师，我对不起你，我不想上了”，气得我七窍生烟，真想一脚把他踢出去。但是平静下来之后反思，又觉得不是学生过分，而是自己方法不对。老办法行不通了，只能再想新招。我经过进一步的了解，才发现这孩子是典型的因焦虑引起的对环境敏感。他特想学好，但是别人一咳嗽他就觉得影响自己学习，他就烦。他越烦就越觉得咳嗽声刺耳，弄得自己整天精神恍惚。当时我正看森田正马的书，我试着用森田疗法的思路去帮他分析，他听了以后如释重负，高兴极了，欢天喜地地走了。这新招还真灵，自己都不免有点儿自鸣得意，咱还是很有才的嘛。可没过两天学生又垂头丧气地回来了，道理是懂了，可还是克制不住自己去听咳嗽声——还是没有从根本上解决问题，怎么办？我只好再查书，打电话请教心理医生，反复和他谈话，终于发现并不是所有的咳嗽声他听着都过敏，而是来自他竞争对手的咳嗽声对他干扰最大，于是我把他俩调到一桌，让他们互相帮助、淡化竞争，他的问题一下子解决了！

每个学生都是独特的个体，他们所遇到的问题也是千人千样的。用发现的眼睛去看自己的工作，每天都是新的，每天都有挑战，每天都要尝试新的思路和新的办法，这样的日子是充实的，留给自己的记忆也是丰富的，再回首往事时，我们的经历也是多彩的。所以，请记住一句名言："这个世界，除了出土文物、朋友和自己的老婆不适宜喜新厌旧，其他的都是越新越好。"

淡定、宽阔让我们向内提升精神高度，从而感悟安宁和愉悦；积极、求新让我们向外求得事业的发展，赢得成就和尊重——这不正是我们追求的人生幸福的最佳状态吗？最后祝愿大家在自己的事业中找到幸福和快乐，让学校变成教和学的乐土。

……………………………………………………………………………………

张华：中学高级教师，衡水中学首席奥赛教练员，河北省化学会理事。所教学生近百名考入清华、北大等名校，省高考状元两人。指导多名同学获得全国中学生化学奥赛金牌。多次获得衡水中学高考功勋教师、高考明星教师、十佳魅力班主任，全省"十连冠"功勋教师等荣誉称号。连续多年被授予全国高中化学竞赛培训突出贡献奖。

扎根沃土，迎着阳光，像树一样努力成长

舞蹈、播音主持老师：王海燕

一、沦为小草，走过痛苦迷茫

俞敏洪曾说，人的生活方式有两种，其中一种方式是像草一样活着，尽管活着，每年还在成长，但毕竟是一棵草，吸收雨露阳光，但是长不大。人们踩过你，但不会因为你的痛苦而让自身产生痛苦，也不会因为你被踩了而怜悯你，因为人们根本没有看到你。曾经，我就是一棵小草，在衡中这片沃土上，虽汲取营养，却痛苦迷茫。

1999年告别了大学的青葱时光，我执着地坐在了衡中北门口——我要来这里工作！最终我如愿以偿。教育处5年、团委会4年、教务处2年、校办公室6年，日子在检查卫生、午晚休等烦琐的日常事务中匆匆流逝，所学专业似乎成为一个遥远的记忆，艺术的梦想渐渐离我远去。当有一天，我迎着同学们的掌声与对欣赏课的期待走进课堂，却因为自己备课不充分导致听课的同学意兴阑珊开始低头写作业时；当有一天，我本想与同学们共同完成一支舞蹈，却身体僵硬、体力不支时，我感受到的是被艺术遗弃的无奈与悲凉！我在哪儿？终于，在参加工作第9年的某一天，我被宣布落聘。回到张家口老家，面对奶奶焦急关切的眼神，我终于明白，失去成长的主动性、失去自身优势的我已经沦落为一棵小草，被人轻轻掠过。

二、努力扎根，收获专业成长

那年的落聘让我埋下头来，在继续从事校办公室干事工作之余，我把更多的精力倾注在特长生艺术教学上，从那时起，我就不再有周日的概念，直到今天，每个周日的下午我都要到学校对特长生进行训练。

教学是教师成长的生命线。2006年，我的优质课《亚洲音乐》在省里

只获得二等奖，我内心惭愧，甚至不敢把这作为新闻发出去。2012年，又一次省比赛的机会，我带着《京剧》重新起程。准备的过程异常艰辛痛苦，一次次课程成形，一次次被康校长否定，越是深入，越感觉自己知之甚少。请教杨文涛老师，请教他的戏友，让同组人员听课，请孙主任、王校长、辛书记听评，甚至拿着讲课稿追到市教研室，请张莉主任提建议。终于，这堂课获得省一等奖并在石家庄作为公开课展示。当站在讲台上面对陌生的学生与全省百位音乐同人，我感到骄傲而自豪！我深深明白在我的身后是大衡中，是无数老师和领导。后来，当衡中毕业生仝十一妹在她的文章中回味我讲授的《梁祝》时，当我在香港大学偶遇衡中学子听她说“老师在你的课堂上我们一起跳过华尔兹”时，我真正体会到，一个团队带给个体的成长与进步是无法用一张证书与一个结果说明的，这种归属感让我的幸福值爆表，这个荣誉至高无上。

三、迎着阳光，拥有对树的渴望

对于播音主持艺术，我有一种近乎信仰般的热爱。2004年，抱着只有4个月的儿子，我在北京开始了播音主持的学习。听着小白杨的中国传媒大学校歌，我下定决心——我要让我的学生也能坐进新闻联播的直播间，也能站上春晚的舞台。从此，年复一年，我的学生考到中传，学主持、学编导、学音乐、学表演。于是，不断有班主任老师找到我说：“某某同学成绩不好，希望你可以带带走艺考，考个本一。”这时我需要先从他的声音练起，怎样用气息（八百标兵奔北坡，炮兵并排北边跑。炮兵怕把标兵碰，标兵怕碰炮兵炮），怎样练共鸣（黄白百炼成钢），怎样播新闻（本台消息，位于北京植物园内的热带蝴蝶生态园昨天正式开园，数千只色彩斑斓的蝴蝶和数十种千奇百怪的虫子正式与游客见面），怎样用感情（为什么我的眼里常含泪水？因为我对这土地爱得深沉）。在练习《相信未来》时鼓励学生积极面对生活，在朗诵《再别康桥》时和学生交流命运与人生。当一个不断违纪的学生在我这里突然懂事了，我得到了家长的感恩；当一个只能考本三的孩子最终考入吉林大学，我赢得了班主任的信任。在这个过程中，我最大的成就感就是将自己对艺术的热爱植入了孩子们的心中，让他们对艺术向往，对生活热爱，对梦想追求。

四、深深扎根，汲取成长为树的营养

在工作的这十几年里，衡中有一必争、追求卓越的理念给予我成长的营养，让我明白做好一名教师更重要的是责任与担当。当我带着学生代表衡中出征各种级别的舞蹈大赛、朗诵比赛、演讲比赛，面对领导的信任，承载团队的责任，我都全身心去准备、去投入、去竞争，然后载誉而归，我享受这个奋斗的过程，乐此不疲。至今，已记不清参加过多少演出、排练过多少作品，只是一些感动的瞬间，在记忆里历久弥新。

镜头一：2011年9月9日晚上11点，校庆节目组导演临时决定我们的诗朗诵要录音，于是，张校长、康校长、王校长、秀民书记跟我赶到录音老师的家里。那是一个怎样让我激动的场景啊，校领导居然一字一句跟我学朗诵！凌晨3点录音结束，当我走在衡水街头，这个诗作的创作过程、排练过程在我的脑海里一一浮现。抬头仰望深邃星空，我感受到的是衡中人的顽强努力与博大胸襟。

镜头二：2016年心理剧彩排现场，我已在博雅馆泡了7天，眼睛被大显示屏晃得很红。在指导舞台时，学生送来了盒饭，我才知已过午饭时间，随意扒拉两口后，就又投入心理剧的情境当中。有一个表演没有达到要求，我跳上舞台示范，结束后学生说老师您先把饭吃完吧，这才发觉原来盒饭忘了放下，始终端在手中。放眼舞台，每一位参加心理剧工作的老师、同学都目光坚定而步履匆匆，我突然感悟到每个人都是博雅馆中的一分子，各司其职，你的价值只在你的优势范围里实现，在团队中只要做好自己，就能实现整场演出的最大价值。在衡中亦是如此，我只需做好我能做的，就是对衡中的贡献，就是我人生价值的最大实现。

不会忘记，在舞蹈大赛的日子里，结束了每天的训练和观摩，大家就会挤在客栈的小房间内总结一天的收获感悟。虽然熬到很晚，但每个人的信念更加坚定、目标更加明确。

不会忘记，2016届的两场毕业典礼，三天两晚我只睡了6小时，两场典礼的间隙还去北京参加了我的学生徐紫东的毕业汇报演出。

当我驾车行驶在凌晨3点的106国道时，当我在北师大的校园低头吃着学生递过来的饼干和酸奶时，心中油然而生的是壮士之情，还有被人信任的自豪感与幸福感。而在一次次的目标设定与完成的过程中，我和我的团队与大衡中的精神更加相融，我培育的一批又一批的孩子也传承着这种奋斗、勇敢与追求卓越的精神。

五、拥抱阳光，我要成为一棵树

一棵树是否枝繁叶茂，取决于它的根基是否牢固，根系向下扎时，需要的是目标的笃定与力量的坚韧，而最主要的是持之以恒、不畏艰险的执着精神和心中永远对阳光的渴望。当你心向阳光，即使你被踩到泥土中，你依然能够吸收泥土中的养分，在逆境中成长；而当你成长为一棵参天大树之后，远方的人会看到你组成的风景，近处的人会感恩你带给他们的荫蔽。

今天，我扪心自问，我要做一棵草吗？不要！今天，坐在台下的各位同事，你们似我的长辈亲朋，你们似我的兄长姐妹，你们见证了我的青春时光，谢谢你们为我撒下了树的种子，给我滋养。是的！我也要成为一棵树，成为衡中这个广袤大森林中的树，扎根沃土，迎着阳光，努力成长！

…………………………………………………………………………………

王海燕：舞蹈、播音主持老师，海军航空飞行专业及衡中电视台创办人。带领海航生完成衡中学子首次高空飞行考核，34名海航生获得飞行训练考核证书。培养学生考入清华、北大等高等学府。获得衡水中学功勋艺术教师、五星级艺术辅导员等荣誉称号。作品被选拔参加全国第六届中小学生艺术展演。

Chapter 3

甘于奉献：我这样奉献，在奉献中快乐

不管在夜幕降临、华灯初上的傍晚，还是在夜深人静、皓月当空的深夜，或是在雄鸡一唱、月明星稀的晨曦，只要经过我们的教学楼，你都会发现备课区的灯永远是那么明亮。那，是“信念”之灯，是“担当”之灯，更是“奉献”之灯。

——郗会锁在 2019 年青年教师座谈会上的讲话

愿做人间四月天

语文老师：魏素霞

我说你是人间的四月天
笑容暖化了三冬雪
关怀在破晓的曦光里笼罩着香甜
嘉平冬月你是烛光的火焰
炉子吹着炭的软
目光在黑夜中闪
六出花吻着窗檐
那声关切，你是
颗颗透明的心脏你拥抱着
你是辛勤，庄严
你是呢喃的月色泉
小路上剪刻的赤橙，你像
拉开帘扑面的金黄，你是
温暖明亮
春风撩拨着桃李绽放的和弦
你是一树一树的花开
是岁月在眉间跳跃
——你是爱，是暖，是希望
你是人间的四月天

推开一间教室的门，我们会看到一群学生，但更是一个个丰富多彩而充满希望的未来。面对讲台下一双双求知若渴的眼睛，我经常自问能给他们什么，能让他们受用一生呢？

我愿自己是四月天的暖阳，有炽烈的热情，点燃孩子们青春的豪情，让他们以最勇健的姿势翱翔在知识的蓝天中。

“魏姐姐，孩子们的思维有些迟钝呀！”“魏老师，学生回答问题不积极呀。”“亲，咱班小宇又踏着铃声到教室的。”初接654班，科任老师们上完课无奈地摇头感慨。沉闷、拖沓、缺乏拼搏的热情，这是传说中文科实验班的孩子吗？

“没事儿，看咱老魏的，有这么激情似火的班主任，班里学生能是闷葫芦？”老魏出手，开启了抗“佛系”模式。课堂和班会，抗佛系主阵地，进班听课勤督促，课堂激趣引智慧，“牛奶”补钙天天备，大小班会聚思想。各种小活动，抗佛系有妙招。运动会上齐努力，精英对阵一加一，龙争虎斗添活力，凤舞九天显霸气，三马竞驰骏马奔。人人献良策，小组同进步，领旗霸气跑，我来抢第一。为了更好地增强班级的精神，我一直和孩子们战斗在一起。寒风中齐战冬三月，暖阳下奔跑一百天。日日的陪伴、天天的引领，我的学生终于有了老魏斗志昂扬的精气神。班级状态日新月异，班级成绩连连攀升，654班团结有激情、有理性、有活力。一如他们的豪言壮语：“我五四豪情万丈，看六月剑指苍茫。吞四海，并八荒，以我超然之力，战高考称王。我必称王，我必称王！”11次双优班级，让每一个654的孩子骄傲自豪，在奔向高考的路上更有信心与豪情。2018年3月，654班喜得“河北省先进班集体”荣誉称号。

2018年6月22日晚上，捷报传来，654班热心的家长第一时间统计了班级每个同学的成绩：刘然语文143分（班级语文平均分127分），韩嘉英语149分（班级英语平均分141分），杨艺涵文综274分（班级文综平均分253分）……35名同学数学满分（班级数学平均分147分），25人总分670分以上……一个个好消息燃爆了微信家长群。那一瞬间，我泪流满面，幸福满满。

高三，是奋斗的战场，是昂扬的舞台，也是青春期的孩子容易误入迷津的拐角处。

我愿自己是四月天的春风，缓缓吹拂，抚慰孩子们青春的彷徨，让他们用最坚定的步伐走过高三这段不平常的岁月。

小磊曾经患有轻度抑郁症，因承受不了成绩的大起大落而封闭自己，甚至出现幻听和幻觉。刚接手这个班时，他还在家休假治疗。初次见他，他的神情是木木的。我从他父亲手中接过他的包，拍了拍他的肩膀，结果他转身离开，不与我交流。我没有在意，而是很隆重地把他介绍给同学们，当同学们的掌声响起，我看到他眼里的光。接下来的日子，我表面上对他和对别的同学一样，不给他一点儿特殊，私下却找了好几个男同学，让他们经常陪他一起打饭、讨论习题。慢慢地，他能够投入学习中了，成绩一点点提升，摆脱倒数第一、摆脱后六，甚至有一次数学考到了班里第18名。我适时地表扬，更是让他找回了信心。然而，一次放假回来，我发现他又回到了原来的状态，迷茫麻木，神思恍惚。经过询问家长，家长说应该是他初中的一个同学因为一些特殊的原因退学了，他又感到了学业的迷茫。于是，我找到那个同学的电话，请他跟小磊联系，但是，那个同学发了条短信“我很好，不用惦记”就再无音信了。我看出小磊对这个朋友的重视，这条短信让他没有神采的眼睛有了点儿光芒。

怎么才能把这光芒放大，点亮他封闭的心呢？我反复琢磨，试着模仿那个同学的笔迹，用笔记本撕下的纸给他写信，再让家长从他老家邮过来。每晚查完宿舍回到家，我都要想一些少年打工不易的故事，告诉他外面世界很无奈，同时倾听他的心声，劝解他。慢慢地，我再与他谈话有了针对性，他也愿意说一些事了。一点一点地融入这个班级，他走出来了，活出了自己的模样。期待他的未来闪光。

班主任	魏素霞	1. 老班，您像妈妈。
		2. 老师，您是我心中最优秀的老班。
		3. 老师，辛苦了。
		4. 和蔼，可爱，通情达理。
		5. 老师加油。
		6. 老师是最美的。
		7. 谢谢您体谅我的腰伤。
		8. 可喜欢可喜欢您啦，您是我高中遇到的最好的班主任。
		9. 老师辛苦了，中午记得多吃饭，晚上记得早睡觉。
		10. 感谢老班的辛勤培育，我会努力的。

在学生眼里，老师是“吐辞为经，举足为法”，一言一行都带来极大影响。其实，我们做的一点一滴也都被记在心上了。新学年的第一次评教，教务处发过来学生留言，看着好暖心，有这一句句的体贴和关爱，一切都是值得的。

站在高三的讲台上，我们承载着100多个家庭的希望，我们战战兢兢、如履薄冰，研高考定方向，努力提升自己的专业水平，成为每一个孩子的成长的导师。

我们是四月天的春泉，因为有了永不枯竭的源头，才有了汩汩滔滔的活水，滋润花朵，抚育幼苗。

衡中是专业发展最好的平台，在这个温暖的大家庭中，我的教学能力、教学水平不断提高，几年来积极参加各级赛课，过五关斩六将，笑傲群雄。

2012年7月，荣获衡水市中小学教学评比讲课一等奖。

2013年5月，荣获河北省优质课比赛、高中语文学科讲课评比一等奖。

2014年10月，荣获全国语文基本功大赛、国家赛课一等奖。

2016年，一师一优课，省级优质课。

2017年，获得高考明星教师、明星研课主任、明星班主任荣誉称号。

2018年，获得专业成长优秀教师荣誉称号。

……

就像一束光簇拥另一束光，一滴水融入另一滴水，我们在这里生活、成长，我们在这里磨炼、飞翔！愿我们成为孩子们知识的源头活水，润泽每一个求知若渴的心田，让他们在我们的掌心里拔节，在我们期待的眼神中穿行，直至迈入神圣的大学殿堂。

每一位衡中老师都是爱的暖阳、是德的春风、是才的源泉，让我们走进每一个孩子的心灵，成为他们的四月天。

……………………………………………………………………………………

魏素霞：多年担任高三班主任、研课主任。连续3年被评为衡水中学明星教师、高考明星班主任、明星研课主任。获得衡水市校本课程开发优秀教师、教育科研标兵等荣誉称号。荣获河北省语文优质课比赛一等奖、全国语文教学基本功大赛一等奖。所带班级荣获市级先进班集体、省级先进班集体荣誉称号。

坚守，是一种责任和幸福

数学老师：王福胜

“王老师，您有这么多厉害的学生，还不跳出这辛苦的三尺讲台？”

“王老师，每年给您几十万的年薪，还帮您解决××市的户口，您去吗？”

……

每每有人劝我跳出校门或是另觅高枝，我总是微笑着拒绝。因为我知道，坚守，是一种责任，更是一种幸福。30个春秋耕耘的艰辛与收获，让我对这三尺土地有了深深的眷恋，我的生命与教育已难分难舍。

一、坚守，是一种责任

记得刚参加工作时，学校召开新毕业教师座谈会，那时我说，选择教师是因为自己对教育的热爱，其实，只是当时那么一说而已，从没想到要在教师这个工作岗位上干多长时间。但三十载三尺讲台的耕作，使我懂得了坚守是一种责任。

1982年刚参加工作时，正赶上县中的老师青黄不接，大专毕业的我一上来，领导就给了我高三教学和班主任的担子。面对几百双与我年龄相差无几的学生那求知若渴的眼睛，我来不及多想，只想到了肩上的担子之重和我的责任之大。我明白，作为一名教师，我不能只在乎自己的荣辱与得失，我承担着上百个家庭的希望与数百个青年的未来。我只有沉下心，埋头苦干。

为了吃透教材，我放弃了自己最热爱的运动，乒乓球台前已多年没有我的身影；为了分析教材，我缠住已下班的老教师请教；为了钻研教材和批改作业，职工宿舍里的灯常常亮到深夜；为了了解学生情况，我常常忘记了下班，忘记了去食堂打饭，忘记了今天是星期天。付出总有回报，当年的毕业生就考出了比上届好得多的成绩。

担子又上来了，我只有一路干下来。为了弥补自己知识的不足，我报了进修班，利用假期为自己充电，常常顾不得回家看望年迈的双亲，常常是让同为人师的妻子一个人照顾年幼的孩子。为了找出最佳的教学途径，我苦苦思索如何利用课堂仅有的40分钟。为了掌握最新的教育理念，我积极参加市、省和国家的各级教师业务培训。在学习和求索中，我慢慢形成了注重激发学生学习兴趣、注重师生交流互动、让学生在轻松活跃的氛围中学习的教学风格。

毕业班班主任、备科组长、学科牵头人的身份，领导的信任，是任务，更是责任，我已责无旁贷，唯有奋勇向前。“身正为师，学高为范”，看到更多的青年教师成长起来，提高了整个学科组的教学水平，我总对自己曾经给予过他们指导和帮助而感到欣慰。

转眼间，30个春秋下来，我也从风华正茂的青年渐渐霜染双鬓。坚守中，我的生命与这片桃李之地结下了深深情缘，教育已成为我生命的必需。

二、坚守，更是一种幸福

人生的苦乐，不在于你从事的工作有多么艰巨，而在于心灵的感觉。作为教师，最大的幸福莫过于收获桃李的幸福。每每有学生从外地赶来，畅谈自己的家庭和事业，我比他们还要高兴；每每看到我的学生又接到了清华、北大等高等学府的通知书，那是我最甜蜜的时刻。坚守，是一种幸福，这种幸福感，是因为我在打开一个人心灵的同时，还打开了一个国家和民族的未来和希望。

坚守，是一种幸福，这种幸福感，让你把工作干成事业。多年来，我多次被学校评为教学标兵、功勋教师、优秀班主任、优秀学科带头人、最受欢迎的教师等，我的教学成绩和经验也得到了社会各界特别是教育界同人的认可。在全市高考研讨会上，我的经验交流材料得到全市与会教师的好评；在第三届全国教育教师专业化研究会上，我的发言得到各地教育界同人的一致赞誉。2008年我还有幸被评为河北省特级教师。

坚守，是一种幸福，让你在平凡的工作中开出艺术之花、结出智慧之果。我深深地感到，要从教书匠成为教育家，就必须向更高的教育科研领域进军；要把教育教学经验升华成规律，更需要积极的探索和深深的思考。于是，在教学过程中，我始终以研究者的眼光审视和分析教学理论与实践中的各种问题，不断对自己和同事的教学行为进行反思和总结，笔耕不辍，先后在省级、国家级报刊上发表多篇有创新意识的教研论文，并主编出版了系列丛书。

坚守，让我的人生精彩异常、幸福万分。

王福胜：特级教师。从事教育工作38年来，多年担任班主任、研课主任。获得衡水中学功勋教师、高考明星教师，衡水市优秀教师、名师，河北省数学学科名师等荣誉称号。所带班级数学成绩多次荣获衡水市第一名。

幸福追梦人

数学老师：康彦华

今天跟大家分享一个追梦人的幸福。

一、幸福源自与学生的真情相伴

2017年“三八”妇女节，我收到的生日礼物是一身藏装，是读西藏大学的学生快递过来的。那年在文科复习班的他性格内向，我似乎对他并没有特别的关照。但他在信中说：“还记得高三三模后，每个晚自习的课间您都到教室外为学生们答疑解惑，从未间断。您每次讲完题都会对我微微一笑，这给了我莫大的鼓励，让我实现了两次高考150分的跨越。从那以后，遇到任何困难，我都会想起您的敬业精神，想起您那温暖的笑容，让我用勤奋和乐观面对一切。送您一身藏装，表达我最真挚的祝福。祝您生日快乐，扎西德勒！”穿上这套做工精美的藏装，感觉自己美美的，心里暖暖的。

我们曾给予学生的“恩惠”，很多都是不经意的。我们简单的动作、轻轻的鼓励、淡淡的评语，哪怕是默默的付出都会成为影响某个学生一生的力量。真心唤醒真心，真情温暖人心，这份感动与幸福源自与学生的真情相伴。

二、幸福源自对自我的不断超越

2018年6月，30岁的我开始担任高三教学主任，我告诉自己：作为妈妈，你要照顾好两个儿子；作为数学老师，你要做好150名学生的助梦人；作为研课主任，你要把好10个老师的备考方向；作为教学主任，你要对级部的68个人负责。想要工作出彩、生活出色，我只能选择自我超越。

在2018年的衡水市巾帼事迹讲述比赛中，共35位选手参赛，我排在34号。比赛持续了四个多小时，我代表衡中取得了第一！时间到了晚上6点30

分，没有时间庆祝，婆婆需要去照顾她的母亲，老公还在单位加班，我只能立刻回家照看两个儿子！其实我还挺想回学校处理一些事情，然后再备备课。

我不能让婆婆给我看孩子而不管自己的母亲，我也不能只顾工作而不管自己的孩子，我更不能只管自己的孩子而不管我的学生，我只能等两个孩子睡着后再继续工作。一天的比赛真的很累，整个人都是紧绷的状态，但我得坚持把工作做完。时间到了凌晨，我才有空回味一下比赛的过程，翻看大家发来的录像和照片。

正是这种充实和忙碌，让我很快胜任了多重角色。而在衡中，我并不特别。每一位衡中女教师，是女儿，是妻子，是妈妈，是老师。我们都在通过对自我的不断超越，用心演绎着每一个角色，成为一个完整的大写的人。

这份自我超越虽然辛苦，却又饱含幸福，因为这是对独立人格和尊严的强烈追求，是对“德高为师，身正为范”的积极践行，是最现实而又最珍贵的精神享用。

三、幸福源自对梦想的不懈追求

我一直都怀揣着一个梦想：成为数学名师，成为教育家。从2015年的衡水市数学录像课评比第一名，到2016年的河北省数学优质课比赛一等奖，再到2018年全国数学优质课展示的最优秀选手，我在一步步接近梦想。幸福的不是比赛得了第一，而是在准备的过程中。我翻阅每一本相关的书籍，我汲取每位老师给予的意见，我实践每个专家给予的指导，从而让我不但能上好优质课，也能上好每一节常态课，并重塑了我的课堂教学新目标——为未知而教，为未来而学。

衡中十年，我从一名教育方面的菜鸟，慢慢成长为一名优秀的衡中教师。衡中十年，几乎每年我都有市级以上的荣誉收入囊中。幸福的不是获得了多少荣誉，而是坚定地行走在追梦路上。我收获了无尽的成长，增长了无尽的底气。

我是一名教师，我的幸福源自学生的成长，源自自我的成长，源自我们可以和祖国的花朵一起各美其美、美美与共。

我们都是追梦人，我们追求幸福，更在幸福地追求！

衡中故事

康彦华：获得衡水中学十大杰出女教师、优秀研课主任、十佳研课主任，衡水市巾帼建功明星等荣誉称号。荣获衡水市数学优质课比赛一等奖、河北省数学优质课比赛一等奖。

“战”胜“普”通，方为“王”道

数学老师：王战普

师德是教师的灵魂，是恪守师道尊严的核心，我对师德的感悟和思考都浓缩在家长、学生给我起的众多称号中：在家长的口口相传中，我是王老师、战老师，也可能是普老师；在学生的眼中，我是普哥、战神、普神，当然更是难（男）神。这些称号是我帮助学生筑梦、追梦和圆梦的一个缩影，更是我从师傅们口中的“小普”努力成长为一名有理想信念、有道德情操、有扎实学识、有仁爱之心的“四有”教师最有力的注脚。下面我从三方面和大家分享我对师德的感悟。

一、战胜挑战，骨干路上凌绝顶，数年成一剑

从教6年后，在学校举办的师徒对比课活动中，我经过精心的准备获得一片好评，老师们也提出了很多中肯的意见。评完课经过求真馆一楼大厅，我看到了熟悉的一段话：“教育是事业，其意义在于献身；教育是科学，其价值在于求真；教育是艺术，其生命在于创新。”我扪心自问，这节课我求真求新了吗？我自己很清楚，今天这节课和精品课相比还有一定的差距，我似乎已经从刚参加工作的快速成长期进入了停滞期。这一行字警醒我，超越普通的自我，塑造卓越的基础，才能成为学生合格的领航者、引路人！

精雕细琢，精益求精，一丝不苟，这是工匠精神的诠释，也应是我们教师的精神名片。在高中数学教学中，解析几何是重要的章节，为了让自己专业知识更扎实，我主动承担了这一章所有资料的组编工作。将近两个月的工作量，从解析几何历史到现实应用，从新课标到教辅教参，我研读了无数资料，又从网站下载了几百个文件，依据试题的考查内容、考查方式和难度水平，分门别类地放到学案、作业和自助的相应位置，最后整体统筹处理。所有的工作都需要时间。为了赢得更多的时间思考，我想了很多办法：每天上班路上安排做事顺序，下楼到班级的时间精确到分钟，高度集中精力批阅作业，口袋中总是装着笔以便随时记录，每晚基本10点之后才离开揽月楼，有时候吃完午饭就直奔办公室……当年的情景还历历在目，我的学生至今还感动于我在教室盯自习的时候，由于太困而趴在讲台上睡着了的情形！

学校和年级也给予了大力支持，开通网站随时下载资料。当时我还是课改处成员，信金焕主任减少了我的很多工作，组里老师也主动加入研究，共同提高。很感谢衡中的这种传统，当你向自己的目标奔跑的时候，所有人都会为你助力！有多少付出就会有多少回报，最终解析几何发展体系烂熟于心，在随后的教学中，我有效帮助学生突破解析几何这一难点。这件事让我体会到师德需要专业素养的滋养，育人者必先育己！由于解析几何和导数近四个月的资料组编人都写着我的名字，学生敬而生畏，“普神”之名也不胫而走。十几年过去了，412班的陈翔说一直记得当年我工作的情形，敢想敢干和精益求精的精神一直激励着他做好、做精自己的工作。这又让我感悟到教师追求业务精湛的过程，不仅仅能筑牢教师的师德之基，更能给学生在做人、做事方面做垂范，这就无形中引领了学生树立正确的价值观。

对一名好教师的渴望激励着我做了很多挑战，如在高考逐渐由“能力立意”向“素养立意”转变的背景下，通过提升自己的高考解读水平，转变了自己的教学理念；通过提高压轴题的解答水平，形成了“思维之树常青”的教学模式；开设大学先修课程，找到了拔尖人才培养的方式，等等。每一次的挑战都会把我推向更高的层次，使我业务更扎实，育人更有高度！

师德重在自我涵养，修德贵在自觉。我觉得敢于挑战，是自觉成长的开始；完成挑战，是寻求教育生命意义的过程！立德树人第一要务是扎实的专业知识和优秀的教学水平！通过终身学习，把自己培养成专业大咖，才能培育出更多具有“中国心，世界眼，现代脑”的衡中学子！

二、拒绝普通，助力学生提素养，圆其青云志

教师不能仅做传授知识的教书匠，更要努力成为塑造学生品格、品行、品位的“大先生”，在价值塑造、能力培养和知识传授上要大有作为。作为一名数学老师，数学学科是重要的基础学科，在培养人才方面起着举足轻重的作用。如何更好地落实数学的育人功能，让学生感受到数学的魅力，以及把学生终身发展所需要的正确价值观念、必备品格和关键能力真正落实在自己的教学上，是我在立德树人探索上的又一个中心。

有一次，学生对于“牟合方盖截面为什么是正方形”感到很疑惑。疑惑是数学思维的起源，我觉得这又是培养数学素养的一个成长点，就向学生征集证明方法。陈世茂同学借助空间直角坐标系证明了这个截面问题，兴奋地说：“平时空间坐标系只要是求空间角，我都觉得它是青铜，没想到是一个王者！”我欣喜地看到，在他们懵懂的心灵中埋下的数学火种在这一刻被点燃了。我鼓励他继续研究体积和表面积这两个问题。我知道仅仅用高中的知识是难以解决的，于是引导他用积分这个工具，并介绍了一些积分的书籍。两天后，他拿着满满四页研究成果兴奋地找到我，说：“老师，我终于感受到了您平时所说的数学简洁美和统一美！”原来他借助老祖宗留下来的“祖暅原理”和积分解决牟合方盖的体积问题，并运用类比的方式得到了牟合方盖的表面积公式。在研究过程中，他又发现牟合方盖和球体积公式非常相仿，如果把球的体积公式 $V=4/3\pi R^3$ 中的 π 换成 4，就得到了牟合方盖的体积 $V=16/3R^3$，而且表面积也是如此！沉浸在发现喜悦中的陈世茂同学废寝忘食地研究，终于证明了自己的猜想，但遗憾的是表面积公式的证明一筹莫展。“数学王子”高斯说过，数学中的一些美丽定理极易从事实中归纳出来，但证明隐藏得极深。最后816班的姜昊哲同学通过独立思考给出了严格的证明。我觉得，数学的创新往往始于问题，而发现和证明问题的过程促进了学生数学核心素养的发展。学生研究的热情一旦被激发，就能爆发出惊人的能量，更多的研究如雨后春笋般出现！

张恭庆教授在中国数学会上说，数学的实力往往影响着国家实力，世界强国必然是数学强国，而且数学必将成为下一次科技革命的最重要推动力之一。我常想，高中数学教育该起到什么作用呢？作为一名衡中教师，我能做什么呢？在高中这个学生个性形成、自主发展的黄金时期，有意识引导学生独立思考、自主学习、合作交流，让学生数学地看、数学地想、数学地表达，在学生和世界之间搭建一座座数学的“立交桥”，这样才能把数学核心素养“内化于人”，即将数学精神和数学的思维方法、研究方法、推理方法和看问题的着眼点深深铭刻在心中，无论将来他们从事什么工作都会终身受益！在新时代的背景下，只有拥有扎实的专业知识，改进我们的教育理念和教育方法，发挥自己学科的独特育人功能，才能真正担负起立德树人的时代使命！

三、王者之风，构建沟通新格局，千笋写春秋

爱是师德的灵魂，除了像朋友一样理解、尊重、相信并欣赏学生外，我们还需要有一颗敏感的心，一个善于分析的头脑，在学生压力最大、最无助的时候给予他们温暖的关怀和专业的引领，帮学生顺利渡过难关。我觉得立德树人，不仅要有仁爱之心，还需要智慧的爱。

754班的陈树怡是个开朗乐观、成绩优秀的学生，但二轮复习时，却小错频出。我决定和她深入交谈。我首先点出问题："你最近错误有点儿多。"陈树怡说："老师，我也发现了。"我跟进问题："那你觉得是什么原因呢？"陈树怡说："我觉得做题总是不够仔细。"根据经验，我点出关键："这种现象往往与心态有关系，最近有什么事情影响你吗？"陈树怡沉默了几秒钟，才说最近因为自主招生的事情让她压力有点儿大，有些分心。我跟她解释了压力是如何影响做题状态的，并和她一起制定了改进的措施。

我的诚恳和关心感动了她，她也敞开心扉，主动跟我谈到自己平时就很在意别人的想法，并举了若干例子。我立刻想起我校心理老师王丽娜在讲座中谈到一类学生叫"优秀的自卑者"，这类学生成绩好，甚至开朗乐观，内心却很自卑，而根源就是不合理的认知。顺着这个思路，我先帮助她认清自己种种表现背后的逻辑，又利用自学的心理学知识，教给她提升自信心的方法，以及一些情绪调控方法，如情绪ABC理论，等等。整整交流了一节课，最后看着她如释重负的样子，我为帮她解决了问题而欣慰。我觉得有必要找到根源，就主动跟她父母取得联系，从她的家庭环境和小学、初中经历中找到了不合理认知的关键成因，至此，树怡的形象就完整地在我心中呈现了出来。

这之后，我只是静静观察她的表现，只要不出大的方向问题就不多说什么，而是给予她充分的信任。高考后，她发来微信："那次谈话，或者说那次谈心，具体是怎么进行的，老师举了哪些例子，随着时间的推移终究会淡去，但是老师的那份关心，还有老师教我的方法，对我之后如何去看待一件事，如何去看待压力、管理情绪，产生的影响是持久的，直到今天，依然受益。那次谈话把我凌乱的世界重新归位，一切又慢慢地走上正轨。带着老师的关心、支持和信任，我终于摘下镣铐，大步流星地迎接高考，最终我的高考成绩是全省前15名。”

师爱是教师教育学生的情感基础，而有智慧的爱则是立德树人的更高要求。当学生遇到问题时，我们需要用仁爱之心去感受他们的思想状况和心理状况，还要以专业的态度细心观察学生的一言一行，不要仅仅以经验判断，而要进行推理，并用事实论证，如此反复，直到形成正确的认识。不但要成为仁爱之师，更要成为智慧之师。我写下了几十万字的随笔，逐步确立了一生一法的工作模式，用自己的爱与智慧，帮助学生解决数学问题，也解决思想问题，助力学生和谐发展。

教书事小，育人为大。16载的教学生涯，看着自己的学生振翅翱翔于九天之上，看着自己的桃李遍布在神州的四海八荒，我知道，我曾经为他们的梦想插上了数学的翅膀，奉献了我的心血与力量。我相信，我的思想在他们的青春中留下了刻骨铭心的印记，给予了他们勇往直前的信念和希望。助力学生圆梦衡中，这不仅仅是我的责任，更是我的幸运，我一直追求的幸福！

最后，我想借这个机会表达我的感谢：感谢我的家人，正是他们的付出，才使平凡的我成长为学生口中的战神；感谢数学大家庭的关怀，使昨天的小普成为今天家长心目中的普神；感谢学校，给予众多机会，使我迅速成长为同行眼中的王者！请大家记住，我叫王战普，我将秉承追求卓越的校训，时刻修炼自己，不忘教育初心，砥砺前行，为祖国培育更多的栋梁之材！

……………………………………………………………………

王战普：中学数学高级教师。获得衡水中学高考优秀教师、高考明星教师、高考十连冠功勋教师，衡水市基础教育课程改革先进个人等荣誉称号；连续多年获得衡水市教育科研标兵荣誉称号。荣获“津冀”高中数学中高级优质课一等奖。

爱与责任撑起的天空

英语老师：田九冬

师德，不是多少证书与奖金的别名，也不是多少鲜花与荣誉的堆砌，更不是掌声背后虚荣心的膨胀。师德是一种责任，是一种可以让孩子们的双眼充满阳光的爱的事业。爱是责任的体现，责任是爱的化身。时间过得很快，转眼之间，我参加工作已经进入了第14个年头。我的从教之路上没有豪言壮语，没有惊天动地的事迹，只有备讲、批改、考评、组研等琐碎工作。接下来我通过三个篇章来谈谈我对师德的看法。

一、师德是担当责任，苦中有乐

一个人若是没有热情，他将一事无成，而热情的基点则是责任心。

责任不是一个甜美的字眼，而是具有岩石般的冷峻。2013年爱人在单位训练受伤，跟腱断裂，当时正赶上五一假期。第一天我陪同爱人到石家庄住院，第二天做手术，术后照顾了他一天就到了开学的日子。看着打着石膏不能动的爱人，想着返校马上考试的学生，我又纠结又矛盾。爱人看出了我的为难，劝我回去上课，说有爸爸照顾，没事的。他还开玩笑说："我的腿脚不便，但头脑清醒、手指灵活。我一定会早、中、晚三次向你汇报病情。我知道你责任心强，快回去上课吧，那么多孩子等着你呢。再说你不回去，怎么给我买咱家对面的酱猪蹄呀。俗话不是说吗，吃啥补啥。"公公也劝我回去上课，对我说："咱干了这份工作，就得担起这个责任，对得起自己的良心。他手术做得挺好，就需要慢慢养着。你回去吧！"我安排好了一切，连便盆上的一次性塑料袋都准备好了，心里念着我放不下的孩子们，坐上了回衡水的火车。在回衡水的火车上，我哭了一路。爱人住了28天院，石膏打了两个月，这期间，我一直坚守着我的工作岗位。

真情送温暖，关爱暖人心。是衡中团队给了我坚守的勇气，当时的年级主任高国华校长亲自去看望了爱人，亲切询问爱人的病情及治疗情况。当时国华校长一直跟我说："好好照顾你爱人，有什么困难，需要什么帮助，尽管提出来。有我们呢，大家都可以多干点儿。"于是，我每周六上完课，请好假，买上酱猪蹄就赶去医院看望爱人，也让公公歇个星期天。贴心的领导，有温度的制度，这些都是我坚守工作的力量源泉，我被赋予了衡中力量。

有人说："既然这苦是从责任而生的，我若是将责任卸却，岂不是永远没有苦了吗？"教书育人，这一伟大事业，怎能随意卸却责任呢？我更享受从苦中得来的乐。就在那学期，我还参加了学校组织的各个轮次的优质课比赛。我觉得只有把工作做得更好，才对得起自己流过的泪水，才对得起家人的理解和支持，对得起学校和领导的关怀。在优质课的备课过程中，我想到了曾经的一节课，想到讲残疾人这个话题。当时我们班有一位"独臂天使"周小娟同学，我怕讲得不当伤害到孩子，就向当时孩子的班主任郗校长求助。郗校长给我介绍了小娟的经历，让我去跟她聊聊，感受一下她乐观的态度，这样我就把握好了"度"。我记住了一节好课的准备要充分了解学生、了解学情。小娟现在也成了一名老师。在学校的优质课决赛过程中，我充分研究学情，打破传统的语法教学思路，补充语料，设置真实情境。那堂优质课，我获得了特等奖。这样的磨炼促进了我的成长，我也获得了专业领域的一些奖项。大抵天下事从苦中得来的乐才算真乐。

二、师德是担当责任，收获幸福

爱是责任，却不完全是责任，还有对肩负责任本身的幸福感。2018年带高三，对于一个7年没在高三的我来说，高考研讨会真是一个巨大挑战。学校把这个责任交给我，是对我的信任，担当这个责任也是一种幸福。政策方向、文献资料、教情学情、高考真题都需要我认真研究。在备会过程中我看过的考试大纲、考试说明，做过的高考真题，学习的前辈经验，写过的提纲稿件等不计其数，这些都需要大量用眼，结果用眼过度，眼睛出了问题。两只眼睛反复长霰粒肿，用药无效只能手术。我的第一反应是不能耽误学生的课。医生本来说一上班8点就安排手术，得知我的顾虑后，作为高一学生家长的医生特别理解高三老师的忙碌与责任，给了我特殊照顾：什么时候有时间什么时候做手术。我又一次感受到由于责任担当而获得的幸福。我选择周四上完第二节课去做手术，因为周五到下午才有课，这样安排不会耽误学生们的课。手术第二天拆掉纱布，眼睛肿得几乎睁不开，但我依然坚持走上了讲台。后来一些同学给我写了卡片，其中一位同学说："老师我不知道您为什么这么拼，但正是您的这种精神，让我在高考冲刺的100天里遇到任何困难都有了扛过去的勇气。"我跟孩子们说："在备考的关键时刻，由于个人原因而影响到你们，我心里会很难过的，那种难过会大于眼睛的疼痛。"在关键时刻担起责任，我因为有这种爱学生的能力而感到幸福。心中有了责任，笑更甜，校更美，幸福就在身边。

三、师德是担当责任，真爱回报

从孩子3岁起，我连续两年带高三,百日誓师后老师们开始全盯全守。2019年4月29日晚上9点36分我发了一条朋友圈，获得了我的朋友圈点赞之最。我写道："我在守着你们，我的孩子却在守着门等着妈妈。我虽然心酸，但高兴收获了女儿简单直白的爱，这正是孩子表达爱的方式。"曾经的学生回复道："师生之情永生难忘。"一位家长回复道："看到你的文字，我的眼泪涌动，你真的辛苦了！"不求回报只求认同，不求赞誉只求心安，这就是我的原则。对于我的孩子，我不能做到时时刻刻陪伴，但是我一定不会缺席孩子成长路上的重要节点。我对学生有着强烈的责任心，而对自己的孩子也是如此。女儿虽小，却好像也明白些其中的道理。

我收获了女儿的真爱，同时也收获了学生的爱。对于语文、英语老师来说，早读是常态课。每逢天气不好，但我又按时到达教室上早读时，同学们都会报以热烈的掌声。同学们是在用掌声关爱老师，严寒、雾霾瞬间因爱消散，那个瞬间我觉得很幸福。我真的付出了，我也真的因此收获了学生的爱。直到现在，每年的教师节我都会收到10年前的毕业生纪涛发给我的短信，他总说我对他的帮助令他终生难忘，但是我并不记得我有什么特别的举动。爱是桥梁，能沟通师生的心灵。有了爱，师生之间就能心心相印。现在就读于香港理工大学的祖海琳把我当朋友一样看待。香港发生暴乱时，她向我倾诉香港的局势，倾诉她的恐惧，分享她对香港暴乱的看法。2019年11月他们全部停课，她回家后第一时间就给我发微信报平安。

我的孩子们用行动告诉我，师生之谊不会随着毕业而消逝，师生之谊更像天空中的云，承载着一份情感与寄托。

教师这个职业是时时给予爱、收获爱的职业，将爱的种子无私地撒向学生的心田，收获的必定是几倍于此的爱的果实。我坚信，责任与爱一相逢，便胜却人间无数。我更坚信，从教人生，有泪无悔！因为，有爱就有一切，我要用爱耕耘终生！

··

田九冬：英语研课主任。获得衡水中学高考优秀教师、专业成长优秀教师等荣誉称号。荣获衡水中学优质课比赛特等奖、命题比赛一等奖，河北省高中英语教学设计一等奖。

平凡与爱

英语老师：苏娜

“我是一名教师，我把手中的红烛高高举起。只要我的鸽群能翱翔蓝天，只要我的雏鹰能鹏程万里，只要我的信念能坚如磐石，只要我的理想能永远年轻，我情愿燃烧我的青春，让生命在跳动的烛火中升华……”这首诗深深地打动了我，我感受到了师德的高尚和师魂的伟大。在教育之路上，我们周而复始地做着我们的工作，它看似平凡，却委实不凡！而在这不平凡的教育之路上，最需要的就是爱！

一、爱是温暖与照亮

先有父母心，后做教书人。2012年冬，我在复习班任英语教师。那时的我稚嫩，对学生的爱更多的是停留在像对待朋友一样关怀的层面上。直到一个深夜，我的角色悄然发生了改变。班里一位同学胃不舒服，可怜兮兮的样子让我顿时怜惜不已。此刻，我知道她不仅需要药物的治疗，更需要我的温暖与关爱。因此，我为她冲药，细心吹到适宜的温度；给她灌好热水袋，放到腹部保暖。不经意间我发现，孩子带着感激的泪花，默默地注视着有些笨拙但无比用心的我。我对她笑笑，她也笑了，小声说道：“老师，我好点儿了，谢谢！”这位同学在后来的高考时取得了全省第二名的优异成绩，她特意打电话告诉我说，自己已和北大光华管理学院签约了。那一刻我的内心无比激动、无比幸福。大学时，她在回校给新高一学生做报告时，提到了我们的那个充满爱的夜晚。一夜师爱，牢记心中，教育之光在黑夜温暖天地，照亮四方。

二、爱是包容和宽待

爱人者，人恒爱之。2014年我带了一届特长生，他们与普通的文化生截然不同，我的内心充满了彷徨与不安。因此我邀请师父促膝长谈，她告诉我，要用欣赏的眼光去看待这些活泼的精灵，用包容之心宽待他们。其中一个女生看似温柔甜美，实则调皮捣蛋。一次上课，这丫头嚼口香糖嚼得津津有味，我凝视了她片刻，时间虽短，心里却已像郭芙蓉那样几百遍地暗示自己“世界如此美妙，我却如此暴躁，这样不好不好”。我心平气和地叫起这个学生，问：“你是嚼口香糖了吗？”学生满脸肆意地张开嘴说：“你看看。”其他同学隔岸观火，一副看热闹的样子。我笑了，对全体同学说：“最近我看到一篇文章，上面说十大致癌物里口香糖排第二。”我把目光再次投向她，说道，“我只是想提醒你，那个东西容易致癌。现在没事儿了，你坐下吧。”学生愣了，不可思议地看着我。下课之后，她跑到我跟前主动道歉，并保证再也不做违反课堂纪律的事情。从那之后，她上课认真了，英语也考到90分了。因为这件事，我成了与学生零距离的老师，学生的英语成绩也有了很大的进步。期末考试，超基准11分，创历史新高。一种包容，无数信任与期待，让教育之花在一群看似张扬实则天真烂漫的孩子之间悄然绽放。

三、爱是期待与欣赏

罗丹曾说，生活中不是缺少美，而是缺少发现美的眼睛。今年我转战到了预期轻松实则困难重重的初一。为什么？因为无论何时你走到班级门口看到的永远是打闹团，嗨翻全班；咆哮组，掀翻楼顶。这并非夸大其词，事实就是这样。不仅如此，学生的成绩、状态也不尽如人意。我的焦躁感持续攀升，批评不满不断表露出来，本以为状态会变好，但事与愿违。于是我开始反思，不断地问自己：假如这是我的孩子，我愿意他每天都被老师凶吗？我再问自己：假如我是学生，我愿意每天都被老师训斥吗？毋庸置疑，答案是否定的。于是，我决定去了解他们，教他们做笔记，打造低音量课间，约束自己。我表扬他们，赞美他们的进步、拼搏，赞美他们的创新、率真。第二次考试，成绩果然有了巨大进步，评教我的两个班竟然都是第一。我和孩子们的关系转变了，变成课上我是他们的引领者，课下是他们无代沟的朋友。一份期待，一份欣赏，让教育之花在理解、大度与智慧的浇灌下越发娇艳夺目！

四、爱是理解和支持

作为一个老师，在时间的天平上永远是失衡的。2016年春节后，高三进入100天冲刺阶段，我更加忙碌和紧张。但不管多忙，我都会在周六的晚上给远在东北的父母打电话。又是一个周六，我拨通了父亲的电话，说了几句话之后，我要求和母亲通话。父亲支支吾吾，我意识到不对劲，心一下子悬起来了。父亲接着说，母亲6天前突发脑梗，在医院治疗，暂时还不能自理。我忍不住带着哭腔责问他为什么不告诉我，父亲说，他和哥哥知道带高三不仅担负着学生的成绩还承担着100多个家庭的希望。母亲既然没有生命危险就不告诉我了，免得我分心。我哭了，哭得很难受。第二天我和母亲通了电话，她告诉我，40多岁的哥哥晚上陪床，还要写会议资料，每天熬到深夜2点多，一下子瘦了很多。母亲有些委屈地说，别人家的女儿、女婿都来看自己的妈妈，只有我们没有女儿、女婿来看望。她似乎意识到说这些不好，马上又改口说自己现在挺好，左手已经能抬起来了，再过几天或许就能下地走动，让我不要担心，好好工作。听完，我心里很不是滋味，养儿防老，可是父母却养了我这么个姑娘，不但没能守在跟前反而离得那么远，在生病的时候也不能回家看一眼。现在，我仍后怕，倘若那时我永远失去母亲的话，我该怎么办？庆幸的是，我有理解和支持我的父母、兄长。谢谢父母对我的理解和支持，我也一定会牢记父亲的嘱托，热爱工作，踏实工作，爱我的小家也爱我的大家，为衡中的发展贡献自己的力量！感谢家人的支持带来无限动力，让教育之路充满芬芳！

教育之路上纵然有艰苦、汗水和泪水，更多的却是学生快乐的笑容、老师内心的幸福。有了家人的支持和理解，我将继续爱学生、宽容学生、欣赏学生。我坚信，前方定是似锦繁花、芬芳一路！

最后，祝每一位老师都能追求幸福的教育，收获教育的幸福。

苏娜：获得衡水中学高考优秀教师、青年教师十佳希望之星等多项荣誉称号。荣获衡水中学优质课比赛一等奖、“维克多杯”微课比赛全省一等奖、中央电视台“希望英语”教师组全国总决赛三等奖。

天山脚下的“衡中精神”

地理老师：郭春雨

阔别将近3年的衡水中学，再次踏进校园，这也是3年之后第一次登上衡中的讲台，面对的不是学生，而是我们的老朋友、新同事，压力特别大。特别是经过两天的培训，真的有一种严重的、迫切的本领恐慌。走在校园里，每一处都有新的亮点；走进每座教学楼，都有很多的故事；见到每一位老师，都有新的气象。

按照学校的工作安排，按照郗校长的要求，我把我将近3年在新疆的援疆工作的点滴，把新疆学校一些好的做法向大家呈现。在正式汇报之前，我想介绍一下我的经历。

2017年2月23日，我接到了河北省委组织部教育厅的通知，25日要到省里参加援疆之前的统一培训。2月26日，我们乘坐包机，共计89名援疆干部走进了新疆巴音郭楞蒙古自治州库尔勒市。为期3天的紧张集训，讲清了新疆的形式、教育的环境、自然地理特征，使我们对方方面面有了初步的了解，同时给了我们一天的自由活动时间，特别要求我们结伴而行。3月1日，我和其他九位老师作为河北省第一批次的中学教育组团团队走进了巴州第二中学，开始了我的援疆工作。4月3日，我被任命为巴州二中的党委委员、副校长，同时兼任河北省第八批援疆干部中学组团负责人和州直第五支部的党支部书记。2018年5月下旬，接到衡水中学的通知，让我兼任衡水中学尉犁分校的校长。2019年7月5日，在把新疆的我们第一批高三毕业生的志愿填报完毕之后，我没来得及与朋友们一一告别，就踏上返程的飞机，回到了河北，回到了衡水，回到了衡水中学，见到了在座的同事们。

援疆前，朋友对我说：“人生适宜在家山，绝尘万里为哪般？”最初对于援疆我还是有些犹豫，毕竟新疆的自然环境比较恶劣，虽然不像青藏高原一样，高海拔缺氧，但是新疆非常干旱缺水，特别是尉犁县是一个典型的盐碱地区，水碱特别大，长期在这里生活，甲状腺容易出问题，胆囊结石、肾结石的得病率也是比较高的。还有复杂的社会环境。2017年进入新疆之后我们参加培训会，会上反复提到的就是安全问题。当时，三股势力，（民族分裂的势力、外部的恐怖势力以及宗教的极端势力）依然存在，再加上新的环境、新的同事，特别是家里确实负担很大，双方有4个老人需要照顾，孩子也很小。但学校和家人给了我大力的支持，使我毅然决然地走进了新疆这片热土。拿全国来比较，新疆占国土面积的1/6，巴州占新疆面积的近1/4，那么我所在的地区就相当于占全国面积的1/24。拿衡水来比较，巴州相当于衡水这样的一个地级市，库尔勒市就相当于桃城区。经过一阶段的工作之后，我感觉到的的确确形势比较严峻，特别是新疆教育也出现了或多或少的问题。前不久，中央出台了两个白皮书，一个是关于新疆历史问题的白皮书，一个是关于新疆教育培训中心的白皮书，这两个白皮书就把新疆的问题上升到国家的层面、国家战略的角度。当时，这样的形势让我更加坚定了作为一名教师走进新疆成为一名援疆教师的责任和使命。援疆，我认为不仅是使命，更是责任；不仅是机遇，更是挑战。援疆可以说丰富了我的人生经历，开阔了视野，磨炼了意志，也收获了友情，同时也学会了忍耐、坚守、放下和珍惜。作为一名人民教师，一头挑着孩子的今天，一头挑着祖国的未来；作为一名援疆人员，一头担着河北的重托，一头担着巴州的期望。我时刻提醒自己一定要做好援疆工作，不要留下遗憾。

在衡中工作了15年，走出去近3年，再回头看的时候，的的确确感触颇深。当初送我走的时候，领导们也一直在嘱咐我，当你离开衡中看衡中的时候，离开衡水看衡水的时候，甚至有的时候离开教育看教育的时候，可能有不一样的感受。的确，援疆给了我别样的人生经历。援疆伊始，恶劣的气候、陌生的环境、离家的孤独交织在一起，情绪比较复杂。面对新的单位、新的同事，我一直在想如何有意义地度过援疆的岁月。受我校求真馆一楼校史展厅地球仪的影响，因为这种中华的传统文化，我制定了在援疆工作期间的工作目标和工作路径：和谐精进，做最好的自己；和而不同，创最好的团队；和衷共济，做最好的教育。为什么说要“和而不同”呢？

在巴州二中教师队伍有四个“离不开”，我们这批援疆老师是其中之一，其余还有当时在塔东南的一些老师、归到地方的老师以及江汉集团的援疆教师。四类老师组成了巴州二中的教师队伍，再加上跟当地的教育局、当地的老师、省前方指挥部再到跟尉犁县中学的一些同事交流，这种关系的的确确需要一种正确的处理方式。和而不同、相互尊重、相互理解，看到他们的亮点，把他们的亮点扩大，我想只有这样才能很好地完成援疆的工作。3年来，我与巴州二中和衡中尉犁分校的教师一直朝着这个方向努力。每当工作中遇到文化差异、理念冲突、机制障碍、经费制约，我都叮嘱自己要牢记组织的关怀、前方的期盼、后方的厚望，要带着感恩之心、理解之心、宽容之心去对待现实，努力去发现受援单位和各位老师身上的闪光点和正能量，记录它、放大它、辐射它，这样再大的难题都会迎刃而解。援疆期间有三种精神一直鼓舞着我、激励着我。我今天汇报的工作一共有三方面：第一是胡杨精神——扎根教育，第二是马兰精神——奉献教育，第三是衡中精神——引领教育。

一、胡杨精神——扎根教育

胡杨，是世界上最古老的一种杨树，6000多万年前就在地球上生存了。它和一般的杨树不同，能忍受荒漠中干旱、多变的恶劣气候，对盐碱有极强的耐力。维吾尔族人称胡杨树为“英雄树”。胡杨的生命力特别顽强，一千年不死，两千年不倒，三千年不朽，人们赞美它为“沙漠的脊梁”。2014年之后，新疆维吾尔自治区教育部门提出用胡杨精神育人、为兴疆固边服务的倡议，人民教师就加入了这样的教育队伍，像胡杨一样扎根新疆教育。那么，当遇到一些文化差异、理念冲突、机制障碍、经费制约等问题的时候，如何像胡杨一样挺过去？

2017年2月26日，我和河北其他地市的九位支教教师加入巴州二中教师队伍，投入教育教学中。得知河北教师援疆团队到来，巴州二中提前特设了河北班，旨在聚合援疆教师合力，发挥援疆教师优势，打造优秀班级，引领教学改革，提升二中品牌。“河北班”是个响亮的名字，也给我们所有人带来了压力。我深知这个班级的重要性，本着好中选优、优中选强的思想，首先确定班主任，再从援疆教师中遴选任课教师，要求任课教师一定要提高认识，充分体会到设置“河北班”的深远意义——不仅代表着援疆团队10人的形象，更是展示河北教师的形象，告诫大家一定要站在这样一个高度，用心用情用力做好“河北班”的教育教学工作，不负组织的重托，不负巴州二中的厚望。在新疆怎么度过这3年很重要，要按照衡中的节奏开展工作。

河北、新疆地域不同，风俗各异；衡中、二中学情不同，教情各异。我结合“三全参与”的理念提出“四个尽快”，要求团队积极融入，尽快让他乡变故乡，视他校为己校，以主人翁的精神全员、全程、全面开展工作。一要尽快融入，尽快和二中的领导、同事和学生打成一片，一言一行、一举一动时时刻刻以“援疆教师”的身份来要求自己。二要尽快熟悉，熟悉学校的各项工作基础，熟悉各项工作的目标，熟悉上级的政策要求，熟悉单位的成熟经验，熟悉目前的发展优势，熟悉未来的发展前景，熟悉弥补工作中短板的方法和路径。三要尽快学习，在学中干、干中学，学习党中央治国理政的新理念、新思想和新战略，学习习近平总书记系列讲话精神，特别是在第二次新疆工作座谈会上的重要讲话，还要学习自治区、自治州、河北省关于教育援疆工作的部署要求，等等。四要尽快提高，提高自己的思想品质，提高自己的工作本领，提高自己的工作形象。

我带头深入课堂，潜心一线教育教学，主动承担文科实验班的地理教学，其实压力比在衡中上课还要大，因为学校、老师和学生对你的期望值很高，因为你是援疆教师，更因为你是衡中来的老师。全地理组的老师上课的时候去听课，教研的时候让你带着走，更关键的是把全州基础最好的文科生让我教，跟原来的老师也有对比。我很忐忑，但更要自信。我认真书写教案，用心制作课件，仔细批改作业，耐心辅导学生，带头讲授示范课，带头落实学科教研。按照衡中的教学常规，如试卷批改不过夜、试卷讲评不隔天，口下留情、笔下留评等，让学生很快通过教学熟悉了我。新疆是多民族共居的地方，学生由汉族、哈萨克族、维吾尔族、回族、蒙古族等民族组成，多数孩子的普通话说得非常好，所以在语言交流上没有障碍，但在学习习惯和生活习惯上还需慢慢磨合。为了更好地与这里的老师和学生融合在一起，更好地教育孩子，我们虚心请教这里的老师，倾听孩子的呼声，了解他们的风俗习惯。很快我深刻地感觉到这里的领导、老师和学生都纯朴、善良、直爽、易处。有一天，3个学生来到我的办公室，说班主任让他们抽时间找我多交流：一是多请教问题，了解衡中学生的学习生活；二是怕我孤单，主动要求我做他们的导师，而且告诉我讲课的时候尽量不要区分民汉、不要简称维族、不要说猪肉要说大肉等。通过走近学生，很快得到学生的认可。“河北班”经过一段时间的运行，学生的行为习惯和学习素养有了显著提升，在历次大型考试中，班级成绩在同系列中始终处于领先位置，用实际行动证明了援疆团队的凝聚力和战斗力，赢得了学生的尊敬、学校的认可和家长的口碑。“河北班”的品牌效应逐渐显现，衡中的名字越来越响。

我到巴州二中后，校党委决定让我负责高中的德育，而且负责3个年级部的管理和指导。他们依靠处室管理的较多，年级部以负责上传下达工作为主，所以我经常巡查3个年级，深入课堂听课，参加教研活动，积极参与高三的备考工作，多次参加高三尖子生培优会、班主任会、学科研讨会，把衡水中学的经验与巴州二中的实际相结合，对课堂教学、课后训练、学科建设、年级管理提出一系列具有方向性和操作性的思考和做法。

援疆期间，有幸结识了侯朝茹和辛荣启夫妇，他们是且末中学来巴州二中交流的教师，也是习近平总书记给回信的教师代表。19年前，15名河北保定学院毕业生乘火车一路向西，背着行囊、怀揣梦想、告别家人，从熟悉的家乡来到西北边陲巴州且末县，将自己最美好的青春时光奉献给了且末县的孩子，帮助一批又一批各族孩子走出沙漠。他们就像一棵棵胡杨扎根在西部，为广袤的戈壁荒漠带去无尽的生命力。他们用自己的行动诠释了什么是胡杨精神，也更加坚定了我扎根新疆教育、踏踏实实援疆的决心。

受他们的影响，我定期组织援疆教师积极开展“复信指引援疆路，无悔奋斗写人生”的教育实践活动，加强援疆教师队伍作风建设，立足本职工作，以“舍家报国、忠诚担当、团结奉献、创新奋进”的援疆精神，扎根边疆，无私奉献。

除了教育教学工作，援疆的3年还是各民族真情融入的3年。从入驻学校的第一天开始，我们响应自治区开展“民族团结一家亲”的号召，真正沉下心、扎下根，开展了丰富多彩、形式多样的“结对子”活动，民族团结之花在校内校外竞相绽放。

依丽努尔·阿地里江是我第一个“认对结亲”的学生。经过几天接触交流后，我感觉依丽努尔的性格内敛、不善交往，还有轻微的厌学情绪。为此，我多次与她的家长联系，了解她的成长过程，了解她的日常学习生活情况，并安排她担任地理科代表。渐渐地，我得到了依丽努尔更多的信任和认可。在地理课上，我对她的关注多了，课下对她的辅导多了，诗词朗诵赛上开始有给她的掌声，篮球场上开始有她的身影，镁光灯下开始有她的舞姿……

在我的影响下，来到巴州二中的第一周，10名援疆教师就与15名维吾尔族、蒙古族、回族等少数民族学生结成对子。我带领教师们深入宿舍、餐厅、家庭，详细了解孩子们的学习生活和家庭情况。据不完全统计，我们累计进宿舍920余次、进餐厅1120余次，通过电话、微信、家访等方式与结对家庭联系600余次，上门家访40余次，筹集帮扶资金近10万元，解决结对学生家庭就医难、上学难等实际困难20余件。

同时，10名援疆教师还与22个班级32个学习小组的209名学生结对，与10名当地教师师徒结对，6名援疆党员教师和6名群众教师结对。每逢重大节假日，我与其他援疆教师自筹资金，组织那些家在且末、若羌等偏远地区的长住生开展联谊活动，增进了师生友谊。

2017年秋天，新疆维吾尔自治区开展了声势浩大的“结亲周”活动，我们10人与尉犁县琼买里村10户维吾尔族家庭结亲，又积极联系河北后方，开展爱心捐助活动，向巴州尉犁县喀尔曲尕乡琼买里村的结对亲戚们送去3700余件过冬衣服和棉被，让他们这个冬天不再寒冷，在新华网、人民网等主流媒体中引起了强烈反响。近3年来，我们坚持每个月都要利用周日乘车去近400公里的亲戚家看望一次。每次都是早出晚归，整整一天时间，晚上回来班主任还要上晚课和班会。

2018年10月，巴州二中援疆教师与尉犁县第七小学开展“小书包大爱心，民族团结一家亲”活动，向当地小学捐赠100多套学习文具。近3年来，我们援疆教师团队始终不忘教育初心，牢记援疆使命，用真情真心帮助当地群众解难事，逐步放大了教育援疆的综合效应。由此，我被巴州人民政府授予开发建设巴州奖章，两次受到河北省委书记的接见，并代表援疆教师做了典型发言。

荣誉的获得是对我工作的认可，更是对支持我帮助我的领导、朋友、亲人们的回报。

在援疆期间，得到了衡中校领导的大力支持和关怀。郗校长在尉犁分校揭牌仪式启动时，带领十位学科专家在尉犁分校和巴州二中给新疆老师做高考备考的报告，为新疆的多所学校传经送宝，给新疆的教育注入了新的活力，助力2019年高考成绩的提升。2019年高考，巴州二中考入清北6人，创历史新高；尉犁分校高考创历史新辉煌。在援疆期间，巴州先后选派180多名师生赴河北教学研讨、跟岗学习。在此，感谢学校领导的热情接待，感谢各处室和年级部的大力支持和精心安排，感谢老师们的精彩讲座和多彩课堂。一人援疆全校援疆，是大家的支持成就了我的援疆路，在这里我对大家表示最真挚的感谢。自己身处他乡的时候更能感受到集体的力量，感受到家的温度。我是谁，大家可能不知道，但都知道我是衡中派出来的老师，所以我时刻谨记，因为自己是衡中老师，别人才信任你、跟着你、尊重你、结交你、围着你、重用你。近3年来，“前方努力、后方给力、形成合力、精准发力”，一点一点地改变着对口支援巴州和尉犁县的教育格局。

通过本人的援疆经历，我更加懂得了平台比人才重要，2018年人民日报微信曾推荐过一篇文章《善待你所在的单位》，我对此深有感触。

如果你是小草，单位就是你的地。
如果你是小鸟，单位就是你的天。
如果你是一条鱼，单位就是你的海。
如果你是一只狼，单位就是你跃马驰骋的战场。
家庭离不了你，但你离不了单位。
没有单位，你，什么也不是！
单位是你和社会之间和他人之间进行交换的桥梁。
单位是你显示自己存在的舞台。
单位是你美好家庭的后台。
单位是你的竞技场、练兵站、美容室、大学校！
单位是你提升身价的增值器，

单位是你安身立命的客栈，

单位是你和你的另一半对峙的有力武器，

单位是你在家庭和社会上的发言权。

在单位要学会珍惜。

联系工作实际，在单位要做到以下三点。

第一点，珍惜工作。

工作就是职责，职责就是担当，担当就是价值。感谢那些让你独当一面的人，感谢那些给你压力的人、给你平台的人。因为那是机会，是信任，是平台，是发言权。

第二点，珍惜关系。

惜缘、惜情、惜分，当我回到衡中，看到各位领导和同事的时候，感觉特别亲切。包括在新疆结识的各位朋友，都是非常好的朋友，都是我非常珍惜的。单位中的各种关系一定要珍惜，宁可自己受委屈也尽量不争高低。一个人只有处理好和自己有工作关系的关系才叫能力。

第三点，珍惜已有的。

要学会及时调整自己，使自己在枯燥无味的工作面前有一种常新的感觉。你已经拥有的，往往失去了才会感受到价值；而一旦失去就不会回来，这往往让人抱憾终生。在这里，提醒青年教师们和我们全体教师，要珍惜来之不易的现有生活。

在单位最忌讳以下三点。

第一点，把工作推给别人。

工作是你的职责，是你立足单位的基础。推诿工作是一种逃避，是不负责任，更是无能，这会让别人从内心深处瞧不起你。校长一直强调“行有不得，反求诸己”，所以，有的工作交给你了你就要做到最好，衡中人就要有争先精神。

第二点，愚弄他人。

愚弄别人是一种真正的愚蠢，是对自己的不负责任。尤其是对那些信任你的人，对同事、对学生、对家长要真真切切，万万不可要小聪明。长期在一起共事，让人感动的是诚恳，让人厌恶的是愚弄和虚伪。

第三点，沉不下心来。

沉不下心来是工作的大忌。在单位工作不能走马观花，而很有可能是一生的根据地，是一个人一辈子存在的证明。沉下心来工作，要做好自我教育。

二、马兰精神——奉献教育

马兰花，哪里需要就在哪里生根发芽，不管遇到风沙还是雨雪，不管遇到干旱还是洪水，从来都是那么坚强。

新疆马兰基地因马兰花而得名，是中国20世纪60年代核试验基地研究中心之一，“两弹”研发的军事纪念地。核试验科学家的“干惊天动地事，做隐姓埋名人”被称为马兰精神，如《马兰谣》中的主人公林俊德，直到去世都放不下自己的事业。我三进马兰，无论是清明的扫墓活动，还是参观中国核试验基地、历史展馆，参观当年的指挥部，参观马兰中学等，都让我进一步理解了马兰精神的实质，特别是对于教师而言感触颇多。作为现代教师，马兰精神应该具体体现为三种专业精神：敬业精神、人文精神、科学精神。

1. 敬业精神

（1）乐业

必须对自己所从事的职业有“喜”“爱”的情感。有乐业感的教师其期望和乐趣在于自己教育的成功、学生的成才。

（2）勤业

教师不仅要勤教，更要勤学。教育部颁发的师德六条中最后一条就是终身学习，教师往往放弃自己许多生活上的需求，废寝忘食地工作。

（3）创业

教师要在教育上建功立业就必须有创业精神。教育是事业，其意义在于奉献。

（4）献业

献业就是对事业的奉献、献身。为衡中奉献终生的教育前辈，腾飞贡献者们、功勋教师们、校领导们、退休后返聘的宋淑窕等老教师们等都是我们学习的榜样。

新疆的老师每学期刚忙完上学期的工作，稍做休息后便准备下学期的教育教学工作，尤其是这两年，连盼望已久的寒暑假大部分时间都是在学校度过的。为了推进国家通用语言文字教学，今年暑假从 8 月 1 日就开学，准备新学期的各项工作，如军训、工作计划等，8 月 6 日就上课。

在新疆，老师们是很辛苦的，他们都有扶贫帮困、“民族团结一家亲”暨“三进两联一交友”的活动。这些活动，你不去亲自体验就不知道开展得如何实在，真的没有一点儿应付与虚假现象。

因为这里传达上级指示不过夜，有一次学校开会结束后，我跟该校的两位老师晚上 10 点 10 分才去离校 40 里的结对亲戚家。那是一户维吾尔族人家，主人看见她们真像自家人一样亲切。两位老师一边帮主人家做家务一边问长问短，关心鼓励她家孩子的学习情况，了解她家目前生活上遇到了什么困难，之后便向她们宣传党的民族政策以及党的十九大报告部分内容。我听着两位老师的讲解，非常惊讶于她们对党的政策的深入理解和把握，惊讶于她们对结对亲戚家的了解和亲热劲。

每周一，全校教职工必须着工装参加全校学生的升旗活动；每天早上第一节课前，全体师生必须在教室里参加升旗活动。很多时候下午放学，我们都吃过晚饭了，我再到办公室批改作业、备课时，还有一些老师带着念小学的孩子在办公。他们不论是不是班主任，都要联系家长、联系学生、与学生谈心交朋友，了解他们的思想动态，点对点做好关爱帮困工作，确保自己的包联对象心理健康、积极向上。他们就是民族团结的先锋、和谐稳定的标兵。

全校教职工除了自觉学习党的方针政策外，每星期都要集中一次进行政治学习，记好内容，扎实讨论，写好心得体会，确保学习入脑入心。这来不得半点儿马虎，否则你到结对亲戚家就不能正确宣传党的方针政策，没有办法解答他们的疑虑与困惑。

“不图先进和表彰，只为学生好年华。”他们为了搞好教学工作，不得不利用双休日和放学后来校加班，这绝对不是学校的指令，更没有什么加班费，完全是不待扬鞭自奋蹄！因为他们知道无论哪个行业都需要长征精神、延安精神、井冈山精神、航天精神。艰苦奋斗，敢于创新，乐于奉献，学校的发展离不开老师的付出。

衡水中学尉犁分校老师们也很辛苦，晚上备课区灯火通明，联查组每天早上 7 点 50 分准时到校，晚上 12 点 30 分离开学校。特别是班主任，夙兴夜寐，敬业爱岗。不来新疆，真不知新疆教师的赤诚；不来尉犁，真不知尉犁老师的辛苦！尉犁教师的工作状态就是新疆全体教师的缩影。他们日常工作的辛苦，无私奉献的精神，对党对国家的赤胆忠心，对工作认真负责的态度，永远是我们学习的榜样，不断激励着我们前行！

两年半的援疆路上，不管遇到怎样的挫折，碰到什么困难，我都会殚精竭虑、攻坚克难、勇往直前，不仅要继承和发扬前辈们的优良作风，更要在援疆方法上探索新路子，在援疆思路上寻找新突破，在援疆的成果上有新业绩。无论何时、无论何地我们都牢记在培训送行会上河北领导的重托："为国家分忧，为河北争光，为新疆奉献，为人生添彩。"

2. 人文精神

人文精神有两个层次：人道精神和人本精神。

（1）人道精神

浅层的表现是同情心，深层的表现是博爱。

（2）人本精神

教育上的人本思想就是一切为了学生的思想，即一切为了学生，为了一切学生，为了学生的一切。教育过程中教师的人本精神主要体现以下这些方面。

第一，童年意识。

老师们要有一颗童心，尊重学生的个性。

第二，学生意识。

学生就好像花草树木趋向于阳光一样趋向于教师，学生无论学习哪门功课都希望有一个好老师，不论在哪班学习都希望有个好班主任。学生的这种希望表明，教师对他们来说实在是太重要了。在一定意义上说，学生的生活和命运掌握在教师的手里。

第三，生命意识。

每个学生都是一个生命。敬畏生命，教师要有生命意识，一定要善待每个学生、每个生命。要有大格局、大情怀，善待每个学生，就连批评学生也要充满仁爱之心，绽放出艺术之花。著名英国教育家洛克说，教育上的错误比别的错误更不可轻犯。教育上的错误正和配错了药一样，第一次弄错了，绝不能借第二次、第三次去补救，它们的影响是终生洗不掉的。第一次的接触和教育很重要，包括家长启蒙教育、升级后的初高中教育、孩子的第一位班主任，老师非常关键。

3. 科学精神

林俊德以其“不是自己研究的领域不轻易发表意见，装点门面的学术活动坚决不参加，不利于学术研究的事情坚决不干”的“三不”自律和行动，对科学精神做出了精彩而深刻的回答。

（1）客观精神

反映在教育教学中教师要避免科学性错误，反映在意识上即公正。教师要有公正心，不要戴有色眼镜对待学生，要承认学生的个体差异，要自觉避免主观意志对科学研究和教学活动的影响。

（2）理性精神

理性精神强调“学”（知识）和“术”（方法）并重、“思想”和“技能”并重。教师要始终怀有理智、好奇心和批判意识，只有教师是“热爱自己学科的人”，才能“点燃”学生对自己所教学科的“热爱的火花”。我们有位老师宁可不升中层，也要去研究自己的学科。他热爱学科的研究，就是一种发自内心的热爱。

（3）求真精神

何谓科学精神？其核心即为求真。中国先贤的格物致知即有此意。所以，要在科学的基础上教学改革，要在科学的基础上选科分班，在科学的基础上教育管理。希望教师具有科学精神是希望教师对于教育认识，多一点儿理性思考，少一点儿心浮气躁；对于教育实践，多一点儿科学意识，少一点儿盲目蛮干；对于教育改革，多一点儿积极进取，少一点儿无所作为；对于学生的生活，多一点儿人文关怀，少一点儿分数歧视；对于孩子的成长，多一点儿素质提升，少一点儿短期教育。

三、衡中精神——引领教育

我在入疆伊始，就开始思考“来疆为什么？在疆干什么？离疆留什么？”这三个问题。伟大的事业孕育了伟大的精神，伟大的精神又激励和推动着伟大的事业。40多年来，在马兰精神的激励下，培养和造就了一大批以“院士群体”“科技将军”为代表的科技精英和先进典型。近年来，在衡中精神的激励下培养了大批优秀的教师和学生。衡中精神，这是衡中屡创奇迹的秘诀，也是衡中人实现梦想的武器。那如何让衡中精神留在天山脚下并发扬光大，如何让衡中经验新疆化、尉犁化？除了每周按时学习衡中的党政联席会会议纪要精神，并及时将好的做法融入巴州二中和尉犁分校的教育教学工作中，还要结合新疆实际，借力援疆平台，依靠衡水中学，在尉犁分校合理嫁接、复制衡水中学的办校理念和管理模式，把衡中模式尉犁化，让衡中模式更接地气。

援疆期间一直在衡中精神的鼓舞和推动下，我们积极践行“大五观”，实施“五育”并举，按照“和谐精进，做最好的自己；和而不同，创最好的团队；和衷共济，做最好的教育”的工作路径开展各项工作。郗校长概括了衡中精神的具体体现，即争先精神、创新精神、忧患精神、精细精神、敬业精神、进取精神、担当精神、团队精神。

衡中尉犁分校从一成立，老百姓期望值高，社会关注度大。衡水市领导、尉犁县领导、自治区领导、教育部领导、教育厅领导、州领导多次来学校指导工作，这种压力促使我们有更强的忧患意识，如履薄冰，如临深渊，如芒刺背，如坐针毡。面对高期望无法逃避，别无选择，勇往直前。

被世界政坛誉为“铁娘子”的撒切尔夫人，小时候父亲经常向她灌输这样的观点：无论做什么事情都要力争一流，永远走在别人前头，而不能落后于人。“即使坐公共汽车，你也要永远坐在前排。”父亲从来不允许她说“我不能”或“太难了”之类的话。有这样的精神和没有是不一样的。衡中“逢一必争，逢冠必夺，逢优必取，逢先必上，逢旗必扛”成为一种风气，什么事都要做成精细、精品、精彩、经典。尉犁分校虽然刚刚成立，但在各项工作中不能落后，传承尉犁县一中好的做法，结合衡中经验一定要创新。

1. 成立三级督导组、五个协作体、六个中心（教师发展中心、教科研中心、学生成长中心、后勤服务中心、党政服务中心、资源管理中心）。

2. 尉犁分校举办了首届学生成人礼（融进民族团结、社会稳定和长治久安等内容）、家长年会、校长年会、校园开放日、感动校园人物等活动，学校领导，高一、高二年级全体师生及部分家长共800余人参加了此次活动。

3. 建立党建书苑。新疆是最讲政治的地方，虽然离北京遥远，但心离得很近。在工作中，学校立足社会主义核心价值观，聚焦总目标，坚持以党建引领业务，以党建带团建，把加强党建工作作为夯实组织建设、纯净思想的重要阵地。加强党对教育的领导，深入开展思想教育。建立“党建书苑”，定期开展使命诵读——“读总书记的书，读总书记读的书”活动，提升全体教师的政治思想水平，并在巴州电视台录制了两期介绍衡水中学办学经验的节目。

4. “每课3分钟”活动是巴音郭楞蒙古自治州全面加强学校党建工作的有效形式，也是落实立德树人根本任务的重要载体。每节正课之前，所有任课老师都要结合学科特点开展德育教育，做到全员德育。例如，地理老师讲与环保有关的知识，政治老师讲社会主义制度优越性。老师们课下查找大量的素材，丰富课堂内容，提升学科素养，实现了教育载体与教学实践的创新发展，收到了良好的育人效果。

5. 成立三团两室。

（1）三团

即德育讲师团、生涯规划讲师团、家庭教育讲师团。

德育讲师团：由知名专家、校内优秀班主任和心理老师组成，定期开展全校德育培训。有面向全体学生的励志报告、心理健康讲座，有面向全体教师的拓展训练，有面向全体家长的家庭教育讲座。专人专领域，专人专报告。

生涯规划讲师团：学校选派教师学习生涯规划课程，建立生涯规划讲师团，定期教研，摸索出一套适合本校的生涯规划教学模式。

家庭教育讲师团：充分发挥家长的作用，选派优秀的学生家长给全体家长进行培训，定期开展家长论坛，交流培养孩子的心得。

（2）两室

即首席班主任工作室和法律咨询室。

首席班主任工作室：由工作20年以上的班主任组成，工作室定期派出专人报告，分享班级管理经验，培养青年班主任，参与班级考核、班会课评比、班级成长方案的审核把关。

法律咨询室：学校与律师事务所签订协议，购买法律咨询和服务，律师定期到学校面向师生进行法律咨询，并指导学生成立“模拟法庭社团”。

6. 开展学前教育。每次寒暑假开学后，都要对学生进行为期两天的学前教育。新疆的学生规范意识和行为习惯没有衡中的学生做得好，针对学生特点，假期开学后进行常规教育，从三操、内务、卫生等方面进行再次训练，班级举行假期综合实践成果评选活动、我为班级做贡献的演讲活动等，帮助学生收心，规范学生行为，为新学期的教学保驾护航。

7. 一主二导。提出一主二导的教育思想（一主即学生为主体，二导即老师和家长为导师）。

（1）一主

班委会开展主题班会，学生自建互助小组自评互评，开展我为班级献计策的爱班荣班活动等，充分发挥学生的自主性。

（2）二导

老师和家长做好引领，做好导师，做好导演，做好保障。

8. “五育”并举，重视“两课”建设。学校紧紧围绕德智、体、美、劳全面发展的教育思想，深入推进课程改革，全面落实课程育人主要途径，坚持德育、常抓智育、重视体育、开展美育、紧抓劳育。

（1）劳动实践课

学校每周一开展学生打扫校园卫生、布置班级文化、整理宿舍内务等劳动，结合节假日号召学生走进社区、村委会参加社会实践服务，走进田间地头从事农业生产劳动，培养学生热爱劳动的情感。例如，组织学生走进巴州农科院棉花试验基地，普及农业科普知识，校园菜地认领活动，增强学生的劳动意识。尉犁分校开办首届“我为校园添点绿、校园留下我足迹”的春季校园绿化活动。

（2）社会实践课

带领学生参观库尔勒看守所，并安排失足少年现身说法，增强学生的法律意识，对学生的养成习惯教育起到了良好警示作用。还和同学们一起走入库尔勒武警支队，通过参观展览馆、军营宿舍、训练基地等，使学生的规范意识进一步强化，学生的爱国主义思想进一步升华。

9. 每月主题教育。

3月——强学风转作风月。

4月——凝心聚力提升月。

5月——爱国有为奋斗月。

6月——升级加力收获月。

7月——不忘初心启程月。

8月——研学旅行团结月。

9月——行为习惯规范月。

10月——文明校园建设月。

11月——教育教学研究月。

12月——总结反思展望月。

1月——专注学习诚信月。

2月——自主自立自强月。

最后分享一下我的感受，援疆近3年给我留下了深刻印象，感觉到一起工作是缘分，做好本职是本分，和谐相处是福分，分开之后是情分。谢谢。

……………………………………………………………………

郭春雨：党委委员、副校长。副高级教师。曾先后获得全国模范教师、向上向善好青年，河北省“三三三人才工程”第二层次人选、骨干教师、最美教师、“三育人”标兵、青年五四奖章等多项省部级以上荣誉。2017年2月—2019年7月援疆期间，担任巴州二中副校长、衡水中学尉犁分校首任校长。荣获2019年开发建设巴州奖章、支援新疆尉犁教育事业突出贡献奖、第九批省市优秀援疆干部人才等荣誉，被新疆维吾尔自治区人民政府记功一次。

桃李芬芳，花开清北；师德永存，育才衡中

物理老师：夏东凤

时光荏苒，进入衡中工作十几年，“追求卓越”的校训常常在我的耳边回响。对待工作，我热情饱满；对待课堂，我激情飞扬；对待学生，我严慈并举。我把对学生、对集体的热爱融入每一天的教学行动中。

一、激情之路——源头活水，荡漾春澜

练好教学基本功是师德的基石。

工作以来，我深入钻研专业知识，为学生展示一条通往自然规律的奥妙之路；在一节又一节激情碰撞的课堂上，阐释世界发展最本质的规律。

遵循事实、敢于变通、打破偏见，这些逻辑和思维习惯，深深影响着我的学生们。几十篇的论文和教学反思，是我为学生解惑路上的见证。

二、奋进之攀——不畏山高，勇于超越

对工作精益求精是师德的彰显。

在工作中发现问题，在问题中寻找方法，用方法思路指导工作，这一良性循环，使我的工作能力和工作业绩都有很大的提高，也获得了大大小小上百个奖项。我要一直秉持“不断进取，永不止步”的教学情怀。

三、传承之美——青蓝携手，薪火相传

带好徒弟是师德的拓展。

从课前的磨课教研，到课堂上的跟听，再到课后的反思提高；从物理知识的引导点拨，到学生管理的经验传授，再到生活琐事的处处关心。师徒结对是我们衡中的优良传统，作为老教师，每年都能收获一个“小徒弟”，做到传帮带。责任在肩，从未懈怠。

四、桃李之报——桃李不言，下自成蹊

成为学生爱戴的好老师，是师德的最直接体现。

每年教师节我都能收到好多学生来自四面八方的祝福。2011年教师节，我收到了一个学生寄来的快递——一个大大的纸箱。拆开纸箱，内有9个精美的纸盒，打开那9个纸盒我惊呆了，映入眼帘的是无数个手折的幸运星！本以为是哪个小女生送来的，展信一读才知道原来是班里那个高高瘦瘦的男孩子。我永远忘不了他眼睛红肿得厉害还在伏案做笔记的坚毅，被我硬拉去医院检查治疗时的不甘，听到医生说“幸亏来得及时，眼睛差点儿留毛病”时和我一样吓得苍白的脸色。他在信里说：“老师，高三的一年您给了我们太多太多，忘不了您精彩的课堂、严谨的思维、乐观的心态，更忘不了我生病期间您每天坚持把教案拍给我的那份感动。您是我一生的贵人。为了表达对您的感激之情，高考结束后从6月9日我就开始给您折幸运星，我要折9999个。为了能在教师节前寄给您，我不知熬了多少个通宵。老师，希望您一生都被幸运环绕，一生都开心幸福！”读着读着，我的眼睛湿润了。很难想象一个男孩子是怎样坚持在两个多月的时间内将9999个幸运星亲手折完的！这其中蕴含的感情让我感动，更让我觉得幸福。

2016年教师节，我收到的一份祝福视频也印象深刻。收到学生在紧张课业中为我送来的教师节祝福，我心里暖暖的。

我觉得师德的体现就是，学生毕业多年，也许忘记了你传授的知识，但仍然会牢牢记得你的一言一行对他的指导与帮助。

一个学生曾写过这样一句话给我：“如果有一天我变成了大人的模样，注定有一个人要成为我的远方，那个人就是您。”

我始终相信，真心能够唤醒真心，奋斗可以点亮梦想。

帮助孩子们走向人生更大的舞台，是师德最重要的内涵。

很幸运，在衡中工作16年送了十届毕业班。高三真的苦，真的累，高三的压力真的大。每次研课组或个人成绩不理想时，神经衰弱的毛病就会犯，严重的失眠，头会嗡嗡地响，躺在床上耳朵不敢挨着枕头，那种煎熬只有自己能够体会，但高三的收获也是其他年级无法比拟的。我曾把高三比作一次次相逢、一场场战役、一幕幕离别和一枚枚勋章。10年的高三教学中有8年是在实验班，我收获了近百名的清北生。

一分耕耘，一分收获；桃李不言，下自成蹊。聚如一团火，为了高考的梦想而奋斗着；散若满天星，学生们的祝福给我带来温暖。每每此时，感动在心中涌起，不是为了他们对我的赞扬与回报，而是为了一颗颗在乎我、深爱我的心。

是的，我愿意做孩子们口中“美丽的彩凤”，为他们的学习生活带来点点亮彩；我愿意做孩子们口中“上帝派来的天使”，点亮每一位同学的心灯。这是我的职责，也是我的情怀。

我爱这个职业，也爱肩头的责任。

我爱每一个孩子，也爱他们走上前路的模样。

这是我的职责，也是我的荣耀。

我会看着孩子们“智者蜂起，百家争鸣，让思想的光芒肆意照射”。

我会看着孩子们“勇者辈出，齐头并进，让实践的理性改变现实”。

这是我要走下去的路，这是我永不停止的前进脚步。

……………………………………………………………………………………

夏东凤：中学高级教师，年级教学主任。获得衡水中学首席教师、高考明星教师、高考明星研课主任、最受学生欢迎教师、十大杰出女教师、物理学科骨干教师，衡水市教育科研标兵等荣誉称号。多次荣获衡水市政府嘉奖、三等功奖励。

播种希望，为每一名学生开启灿烂明天

物理老师：王红旺

在老师的手中一直握着无数的金种子，那是希望。每个生命那纯洁的心灵都是一块空白的土地，老师的关爱在他们的心中会播下热爱生命的种子，老师的宽容在他们的心中会播下善待生活的种子，老师的才华在他们的心中会播下渴求知识的种子，老师的期待在他们的心中会播下希望的种子。在衡中从教这些年，我愈来愈热爱教育，并希望为每一名学生播种希望，开启灿烂的明天。

从1986年参加工作至今，我已经在衡中度过了34个年头，从最初对班级管理的不知所措、焦头烂额，到现在的有的放矢、从容淡定，其间有失败的感悟，也有成功的喜悦。我曾接手的高二实验班，班里后进生多，尖子生少且不突出。多年的教学经验让我确信每一名学生都很优秀，只是他们的潜能还没有发挥出来，而我的任务就是把他们的潜能激发出来。

我先从班里成绩稍差的“尾巴”生入手。为了拉近与学生的心理距离，我多次找学生谈话，根据学生情况因材施教。比如，对讲义气重承诺的学生，我采用激将法；对懂事重感情但管不住自己的学生，我就把家长请来，让家长对孩子讲期望以及生活的艰辛。在座位安排上，将守纪、勤奋、学习成绩相对优秀的学生安排在自制力差的学生旁，来带动并帮助他们，让他们感受到班主任对他们的关注和重视。一段时间后，他们当中大部分人学习劲头明显提高，学习紧迫感增强了很多，整个班级氛围也有了很大的改观。

火车跑得快全凭车头带。尖子生是一班之灵魂，一个班级特别需要一批有正气、思进取、敢打敢拼不服输的尖子生。在451班，尖子生不突出，组班之后的头几次考试，年级前20名没几个，而且绝大部分是女生。我便召集班内前25名的男生，与他们一起分析班级情况，从不同角度鼓舞、激励男生要勇敢地向女生挑战，从时间利用到认真程度上都要向女生学习。我还专门组织召开了一次男生向女生的挑战会，激励他们每人都向女生下一份挑战书。挑战会上，男生慷慨陈词、信心满满，女生针锋相对，多名女生在男生讲完后，主动站起来表示绝不会让男生超越。我从男生眼中看到了不服，从女生眼中看到了坚忍。在浓重的“火药味”中，男女生暗暗较劲，时间观念越来越强，上课效率普遍提高。接下来的几次考试，班级前10名男生人数逐渐增多，到最近几乎平分秋色。

作为教师，尤其是班主任，在班级管理中，我从不吝惜对学生的表扬，在我的心中这不是纵容，而是爱的智慧，老师的关爱可以让我们的教育教学工作事半功倍。在我的班里曾有一名学生，成绩不理想，上课经常接老师话茬，故意干扰课堂。经过与家长交流情况和深入观察后发现，因为他的年龄比班上同学都小，过一段时间见不到家长就心情浮躁学不下去。了解这一情况后，只要一有时间我就找他聊天，听他给我讲初中学习的情况。因为知道他初中学习很优秀，我想让他在回忆时重新唤醒自信。一次他生病，我陪他一起去医务室。在输液过程中，我不停地和他唠家常，以分散他的注意力减轻他的疼痛。后因他病情严重，需要住院治疗，我又第一时间联系上他的家长。几天后，这名学生痊愈返回学校，我发现他变了，懂得关心班集体了，安静了，肯学了，学习成绩有了很大进步。

我热爱教育，甘当播种希望的老师。也许我选择的教育事业注定一生只能默默无闻、默默奉献，但是我非常乐意奉献，更是无比自豪。作为播种知识、教书育人的一名教师，我更愿意把自己比作一颗小小的铺路石，静静地躺在泥土里，即使它没有水晶的纯净、没有宝石的璀璨、没有钻石的光芒，也要努力让孩子们在我们铺就的平坦而宽阔的道路上奔向前方、奔向远方。

……………………………………………………………………

王红旺：特级教师。1986年到衡中工作至今已34年。

不说再见
——我在衡中的37年

生物老师：宋淑窕

作为一名普通教师的我，退休后主动要求返聘回学校。现就个人的工作经历给大家做一简单汇报，不妥之处望批评指正。

我是于1982年师专毕业后被分配到衡中工作的。衡中是我的母校，也是我母亲曾经任教的地方，我们姐妹几个及她们的孩子全是衡中培养出来的。可以说，我们全家三代都和衡中结下了深深的不解之缘，我的大半生心血也都奉献给了衡中（18岁风华正茂，55岁知天命）。由于我的勤奋工作，得到了领导的信任，让我多年送毕业班，担任备课组长，曾经也担任班主任，我的学生可以说是桃李满天下。作为学科带头人，培养青年教师是我的义务。一批批优秀青年教师不断成长起来，成为骨干教师，有的走上领导岗位，我自豪。作为普通教师的我没有干出轰轰烈烈的事业，只是默默无闻地工作，像在座的教师们一样，牺牲自己照亮别人。

回想过去，我耳濡目染后又言传身教，衡中的成长蜕变一直在感染着我，衡中的卓越氛围与向上精神哺育、塑造着我，我见证了衡中发展的每一步，目睹了衡中从平凡走向辉煌的历程，并很高兴能参与其中，我也希望尽我所能，用努力与汗水，滋养、建设这个美好的教育园田，把衡中追求卓越、艰苦奋斗、乐于奉献的精神薪火代代相传！

光阴荏苒，37年弹指一挥间，回忆往事，历历在目。

一、梦想起航，与学生共成长

今天的衡中作为全国名校，有美丽的校园、现代化的教学设施与生活环境，可我刚参加工作时的衡中却是一所普通的县级中学（1951年建校，经历“文革”，几度更名。现在的校名是1978年由衡水县五七大学更名而来，并被省教育厅确定为河北省首批办好的重点中学），升学率很低（我1978—1980年在衡中读高中，当年大中专录取率只有8%，衡中作为重点中学也只有不足10%），各种硬件设施还比较落后。冬天自己烧煤炉，上下课全部由人工敲钟，备课没有电脑、网络，学生日常和考试用的卷子都要由老师刻钢板——将蜡纸铺在刻板上用铁笔刻出来油印。刻钢板要一笔一画，笔力适中，不敢苟且。刻起来十分费时，经常要挑灯夜战。学生宿舍里是大通铺，后来才有了上下铺。打饭以班为单位，男女生分开。木板箱子盛干粮，水桶盛饭菜，值日生负责分饭，伙食费一个月9.9元。教工食堂饭菜比学生的饭菜也好不了多少。当时条件虽然艰苦，但是我们并没有感觉到苦，更不会想到衡中发展到今天的模样，我为衡中的成长而自豪！

那时的我，身份是生物教师、班主任兼三防教师、科技辅导员。

那时的衡中是一所完中，初中3个年级共6个班，高中3个年级共18个班，学校专职生物老师算上我才4个人。刚参加工作时我担任初中兼高中生物课教师，先后送走了3届初中毕业班，先后担任了初中11班和初中18班班主任。当时初中班每届从全县只招收两个班，每个班45名学生，这些学生都是同龄中的佼佼者。当年领导将如此优秀的学生交给我，那是多大的信任，我现在可以自豪地说没有辜负领导重托。年轻、气盛的我虚心向老教师学习，向有经验的班主任请教，从报刊中学习。记得我当时订阅了《生物学通报》《生活与健康》《大自然》《爱科学》《生物报》《文摘报》等，都是特别好的教学参考资料，对我帮助特别大。另外我向中外名著中的大师学，我很喜欢读苏霍姆林斯基的《给教师的100条建议》《怎样培养真正的人》及陶行知的《陶行知教育思想12讲》《陶行知教育文集》，还有意大利小说家德·亚米契斯的《爱的教育》。书中的话“教育之没有情感，没有爱，如同池塘里没有水一样。没有水，就不成其为池塘，没有爱就没有育”对我触动很大，因为爱让我学着成为走进学生内心深处的好老师。

为了让学生喜欢上我的课，我设法让课堂变得生动有趣，耐心教给他们用显微镜观察微观世界，带他们在教室前开辟花坛种花草，走出课堂接触大自然，去辨认、采集、制作生物标本用于教学，到池塘里采集青蛙卵，在教室里培养、观察其生活史（难忘带学生捉青蛙，到实验室分组做解剖，做脊蛙反射实验的情景），教给他们采血做血涂片、观察血细胞、给自己验血型……总之我想尽办法开设实验课、活动课，让学生动手去实践。实物、模型或挂图是我课堂上的必备用具，抽象的内容变得形象而生动，因此学生乐学善学，学得兴趣盎然。当时真没想到如今的高考改革试题背后是重视实践与运用能力。

作为班主任，通过精心组织丰富多彩的活动达到育人目的。值得一提的是，我们自编自导的话剧《二十年后再相会》给大家留下了终生难忘的教育，寓理想教育于娱乐之中，促进了学生德、智、体、美全面发展。在活动过程中，我与学生建立了友谊。当时每天第八节课后是学校统一课外活动时间，我为学生们准备了排球、篮球、羽毛球、乒乓球、足球等。课外活动时间我被他们争先恐后地邀请，陪他们一起玩。当年18岁的我，成了学生中的孩子王。我要求他们玩要痛痛快快地玩，学要专注地学，至今难忘！每天陪伴交流，随时随地家访，让我对每个学生及家庭情况都了如指掌。有学校领导、老师及家长支持，我工作起来得心应手。3年的朝夕相处让我和我的学生结下了深厚友谊，如今一直保持着联系。说来有趣，我不仅教了他们，后来还教了他们的孩子，成了两代人的老师。

一分耕耘，一分收获，当年我教的绝大部分学生都升入了衡中高中部，考上了大学，后继续深造，读了硕士、博士，有的读到了博士后。如今他们早已步入社会，在各行各业中发挥着重要作用。就像郗校长说的“得天下英才而育之”，这是衡中老师最大的幸福。

与此同时，我个人的教育教学水平也得到了快速提升。记得那是1986年，学校选派我参加了省三防（生物、化学、核武器）师资培训班，结业后市里又选我对全市三防教师进行培训。我在学校开设了三防课，带领学生代表衡水市参加了河北省三防知识竞赛，从笔试到必答、抢答都以绝对优势脱颖而出，勇夺冠军，为学校赢得了难得的省级荣誉，列入了衡中校史册，我也荣幸地得到了省三防教育先进个人证书，对我来讲是很高的荣誉。那时还让我担任了学校科技辅导员，课余时间我带领着学生进行科技活动，学生作品屡屡在市、省科技比赛中获奖。学生用火柴盒做的显微镜等作品我至今仍记忆犹新，我也荣获了市优秀科技辅导员称号。每次都能得到校领导进班听课的肯定和大会上的表扬。初生牛犊不怕虎，我还多次承担了市里组织的公开课。领导的信任和赞赏是对我莫大的鼓励，使我得到快速成长。

二、执着追求，收获满园桃李

1. 业务进修，增长才干

1988年被分到高中部后，我于1989—1991年脱职进修，完成了大学本科学业，让我的教学变得更加游刃有余。进修期间我担任了学校团委委员、生物系团委副书记，工作能力得到了锻炼，还光荣加入了中国共产党，思想更加成熟，为今后的教育教学工作插上了翅膀。2004—2005年我参加了天津师大研究生课堂进修班，为日后的教育工作又一次注入了活力。

2. 高考改变，赤心依然

正当我学成归来想再大干一场时，1993年国家教委出台了新的高考科目设置方案，即“3+2”方案。“3”是指语、数、英三门学科，文理科都要考试；“2”指的是文科考政治、历史，理科考物理、化学两门学科。这一方案将生物和地理学科完全排除在高考科目之外，新方案的出台，使生物课立刻受到冷落，学生只需通过学业水平测试即可。当时我们生物教师队伍很不稳定，有不少教师转做其他工作，我也有几次机会转做行政工作，但始终没有动摇，一直坚守在我热爱的三尺讲台上。

3. 责任担当，奉献青春

“3+2”改成现在的“3+X”，生物重新被纳入高考考试科目，被冷落多年的生物学科又重新受到重视，我担起高三生物学科重担。算起来从2002年至今，在18年间，我竟然接连带了14届毕业班，担任高三生物学科备课组长（研课主任），还先后担任了复习班187班和高三222班班主任。临近退休的7年间（2014—2020年），6年仍坚守在高三，幸运的我既教了高考“3+X”第一届，又教了最后一届。

高三是荣誉，更是责任与担当。成绩背后是巨大压力、艰辛与超常付出，加班加点都已习以为常，没有星期天、节假日，与家人在一起都是一种奢望，更不要说照顾老人、孩子了。

高考是学校的生命线，作为一名高三备课组长、学科引领者，必须保证备考方向准确、决策科学。我虽然带了多年毕业班，但对课标、考纲、考题的研究始终没有放松过。为此每年高考过后利用小假期，利用别人游玩的时间，我都要收集全国各地高考试题认真做、反复研，摸清试题的特点找规律，汇集多方对试题的评析，尤其关注来自国家考试中心专家的试题评价，把握高考新动向，为之后备考出谋划策。正是由于对高考的潜心研究，对考向的准确把握、科学训练，才会有高考考场上学生们的从容应答。

在教学上，高中生物内容虽早已熟烂于心，但我始终对课堂怀有一种敬畏之心。课堂是学生成长的地方，是教育的主阵地，不仅仅有知识的习得、心灵的碰撞，更有精神的丰盈、人格的塑造。我始终感觉“课堂比天大”，每节课都不敢有半点儿懈怠，潜心研究，精益求精，因材施教，不断进行微创新，力争上成精品课。为此我可以为一节课的教案设计而熬到深夜，乐此不疲；可以为一个教学问题而冥思苦想，查阅大量资料。即使是春节放假、合家团圆时仍不忘备课刷题。

教书不忘育人，育人从爱开始。不论是当班主任还是当任课教师，我都以真诚的爱去理解、宽容、尊重和关心每一名学生，为学生的健康成长殚精竭虑、呕心沥血。曾有一名学生因为父母闹离婚无心学习，由于想不开几度想放弃高考，甚至选择轻生。我急在心里，陪伴在他左右，在一次次的交流开导下终于使他打开了心结，让他重新燃起希望，在最后备考关键时刻拉了他一把。最终该生不负众望考上理想的大学，为此孩子和家长对我感激不尽。对于学习能力差的学生，我总是创造一切机会帮助他们，让他们体验成功、获得自信，用师爱的阳光照亮他们的心灵，同时让他们在师爱的阳光中体味和学会关心他人，塑造他们良好的人格。在我的心中，学生永远是天使，我就是为天使修补翅膀的人。

功不唐捐，桃李满园。因为播撒了爱的种子，我也时时收获到爱的芬芳；因为洒下了辛勤的汗水，我的学生已经遍布世界各地。我从放在桌上的小字条、小卡片、金嗓子喉宝中找到受人关怀的快乐，为学生的懂事而感到欣慰，也为外出参加活动的他们在百忙之中仍给我买袜子、零食等小礼物而感动。我有个2002届的学生，现在北京工作，2017年教师节的时候仍费尽周折给我送花。都已经过去这么多年了，她竟然还记得我对她的关爱，记得师生间的情谊。

我当班主任带的1991年毕业的郑文通同学，从人民大学毕业后，在美国斯坦福大学读了博士，获得了经济和法学双学位，现已是美国著名大学的知名教授；刘云川从美国哥伦比亚大学博士毕业后，现在已是美国伊利诺伊大学的营销学教授、博士生导师。2018届毕业典礼，学校请来了刘云川，作为他曾经的班主任，他把我请到了主席台上，深情地向我鞠躬致谢，并表达对恩师的感激之情。仅这十几年来，我与其他一线教师一道，帮一批批学子圆了重点大学梦，其中有一部分上了清华、北大，成就了无数个家庭的希望，改变了无数个家庭的命运。值得一提的是，近来我带的740班，王昊同学以总分717分高分夺取了河北省理科状元；仅741一个班，就有10人考上了清华、北大。

随着年龄的增长，我越来越眷恋教师这个平凡而又神圣的岗位。我一门心思潜心于教学，因所带学科成绩突出，多次荣获高考明星教师、优秀学科组长称号，2009年荣获高考全省十连冠功勋教师，成为衡水市普通高中优秀学科带头人。自2011年学校设立首席教师荣誉至今9年间，我连年获得此项校内最高殊荣，且从2013年设首届衡中腾飞突出贡献奖至今9年间，我连年获得此项荣誉。伴随着衡中的发展壮大，为教师成长提供了更大的平台，促使我从知识型向研究型转变。我结合自身工作实践主持完成了省级课题；应邀到北京、石家庄、山东、河南、广东、广西等全国多个省、市、校做报告，介绍高三备考经验；在省电台高考《名师面对面》栏目做备考指导，在河北省电视台教育频道做二轮复习讲座。青年教师是我们学校的希望，作为老教师为了发挥自己的传帮带作用，宁做铺路石，多年来尽己所能，帮助组内青年教师在各级赛课中获奖，为成长助力。

在衡中的37年从教生涯中，我从来没有后悔当初的选择，只是对我的家人却有着许多歉疚。记得我母亲病危住院时，也是2014年高考百日冲刺关键期。为了不耽误课，我白天上课，晚上陪床、备课、看作业，一次因精力全集中到批改作业上，老人滚针也没发现，现在想起来仍深感内疚和痛苦。我的老父亲80多岁了，平时由我的姐妹照料，我只有周六晚上才有点儿时间去看望。老父亲心疼我总是催我早点儿回去，因为他知道我工作太忙，想让我多休息一下。我的女儿小学时很优秀，学习很好，曾经获得过全校作文竞赛第一名。在她初高中正值青春叛逆期时，作为教师的我，因连续忙于备战高考，一心扑在毕业班上，对孩子的学习状况抽不出精力过问，对学习上出现的问题虽看在眼里却没有时间帮她纠正，致使孩子只考取了普通大学。将别人的孩子当成了自己的孩子，而自己的孩子却没时间管。好在孩子自立自强，不满足于现状，怀揣梦想，不断进取，以优异的成绩考上了名校研究生，现在在北京发展得很不错，也使我内疚的心情得到一丝安慰。

回顾自己的成长历程，我心潮澎湃。从单纯的喜欢教师这一行业到将教书育人作为我终生奋斗的事业，在这条洒满阳光的道路上，无数人为我付出，付出了真情，付出了爱心。离开了他们，我将一事无成。我始终心怀感恩，感谢领导的关爱、同事们的无私相助；感谢我的家人，是他们用真情和厚意给了我无私的支持和激励；感谢我的学生，是他们对知识的渴求和纯真睿智的目光时刻鞭策着我，使我不敢懈怠。在此，我要感谢所有支持我的人。

学生成才、教师成长背后的强大支撑是学校的崛起。90代后期衡中发生了翻天覆地的变化，不仅一座座教学楼、宿舍楼拔地而起，校园环境得到进一步美化，而且办学规模逐渐扩大，室内安装了中央空调，装上了多媒体以及观摩系统，网络覆盖了校园，硬件设施逐步得到完善，办公、教学条件得到极大改善，教师们视野更宽广，教学更加便利，教学理念不断更新，教学思想更加解放，学校管理更加精细化、科学化。学校高考成绩连年攀升，不再满足于在全市争第一，而是在全省夺冠。从2000年起，在河北省已获得20连冠，考入清北人数更是连番创纪录，衡中跃居为名副其实的全国名校，世界瞩目。这一切首先离不开我们学校掌门人——各届校长的高起点站位决策，从精神立校、激情工作到科学严格精细化管理体系，新一届郗校长总结出了衡中成功八大秘诀、学校五大办学理念、十六字办学方针，对教学常规八个环节都有具体要求。校长带领我们学校走向一个个的成功。

有人说一个好校长就是一所好学校，校长是学校的灵魂。郗校长年轻有为、才华横溢、目光深远、与时俱进，对外强有力地为学校正名，使外界对衡中的负面舆论报道减少。另外，我校高考升学率再次攀升，考入清北人数不断创新高，奥赛也取得了骄人的成绩，所有成绩的取得也离不开可敬可爱、爱生如子、爱校如家的老师们，他们的敬业与奉献成就了一个个学生的梦想。相信在郗校长领导下，学校的发展会越来越好，老师们的幸福指数会越来越高，老师们活得会越来越有尊严。

三、不忘初心，继续教育使命

就这样，时光荏苒，2019年我到了退休年龄，却选择退而不休，留在了我眷恋的衡中教师这个平凡的岗位上，延续30多年教书育人的征途。

说实话，我们的工作确实不轻松，对家人亏欠，高考与高频调考考评压力与巨大的工作强度给身体的极大挑战，都让我有过放弃的念头。但是，我始终与衡中说不出“再见”，衡中的一切都已融入我的血脉，神圣的使命感和责任感始终驱使我站好这三尺讲台，给我37年来乃至以后的日子持久续航。

再次感谢学校领导对我的信任与支持！习总书记讲，教师重要，就在于教师的工作是塑造灵魂、塑造生命、塑造人的工作。我将牢记总书记的教导，做有理想信念、有道德情操、有扎实知识、有仁爱之心的“四有”好老师，努力践行郗校长提出的“五大办学理念、十六字办学方针”，为衡水中学的再次腾飞做出我的贡献。

“岁月不了衡中情。”时光荏苒，当前，衡中正处在新时代新发展的新机遇期，正值腾飞、涅槃、再造高峰的壮年时期，各项工作蒸蒸日上，有条不紊扎实推进，也正是学校和学生们最需要我们的时候。我会坚定不移地做衡中品牌的守卫者、形象的维护者、荣誉的创造者。我希望能永远陪伴它的成长，继续用一匹老马的智慧和执着为学生引路护航，用心血和智慧去造就一群不平凡的人，实现自我价值与社会价值的统一，无愧于心，永远走在“追求卓越”的教育之路上……

宋淑琬：多次获得衡水中学首席教师、高考明星教师、优秀学科组长，衡水市优秀学科带头人，高考全省十连冠功勋教师等荣誉称号。连续7年获得衡中腾飞突出贡献奖。